U0654079

国家自然科学基金项目：

基于移动社交网用户的互动行为与商业模式创新研究——机理、模式与路径（项目编号：71572112）

基于移动社交网企业与用户互动及其创新研究

周洁如　著

Research on Innovation and Interactions between Company and
Users Based on Mobile Social Networks

上海交通大学出版社
SHANGHAI JIAO TONG UNIVERSITY PRESS

内容提要

本书基于大量文献回顾,分析了移动社交网环境,根据相关理论,针对研究问题,构建了相应的概念模型,并提出了研究命题,进而提出了企业与用户互动进行创新的体系与类型。最后,选取典型企业小米与马蜂窝,对其基于移动社交网与用户互动、启动用户互动进而进行的各种创新做了系统深入的分析。

本书资料新颖,案例典型,分析通俗易懂、深入到位,不仅适合于创新创业的有志之士、各行各业管理人员基于社交网进行创新创业的参考学习之用,也是高等学府商学院的各类学生尤其是 MBA、EMBA 学员商业管理课程的参考书。

图书在版编目(CIP)数据

基于移动社交网企业与用户互动及其创新研究 / 周洁如著.
—上海:上海交通大学出版社,2019
ISBN 978 - 7 - 313 - 22680 - 8

Ⅰ.①基… Ⅱ.①周… Ⅲ.①网络经济-商业模式-研究
Ⅳ.①F713.365.2

中国版本图书馆 CIP 数据核字(2019)第 277108 号

基于移动社交网企业与用户互动及其创新研究
JIYU YIDONG SHEJIAOWANG QIYE YU YONGHU HUDONG JIQI CHUANGXIN YANJIU

著　　者：周洁如

出版发行：上海交通大学出版社　　　　地　　址：上海市番禺路 951 号
邮政编码：200030　　　　　　　　　　电　　话：021 - 64071208
印　　刷：常熟市文化印刷有限公司　　经　　销：全国新华书店
开　　本：710mm×1000mm　1/16　　印　　张：12.5
字　　数：214 千字
版　　次：2019 年 12 月第 1 版　　　　印　　次：2019 年 12 月第 1 次印刷
书　　号：ISBN 978 - 7 - 313 - 22680 - 8
定　　价：69.00 元

版权所有　侵权必究
告 读 者：如发现本书有印装质量问题请与印刷厂质量科联系
联系电话：021 - 52219025

前　言

Preface

在当今移动社交环境下,几乎人人每天都粘在移动社交网上。根据艾媒咨询数据显示,2018 年 12 月,仅市场主流的三个移动社交应用的月活用户总数就近 20 亿,它们分别为:微信 10.2 亿,QQ 6.5 亿,微博 3.2 亿,共 19.9 亿。而近 2 年短视频用户规模也在迅速增长。截至 2018 年 12 月底,我国短视频用户规模达 6.48 亿,同比增长 58.05%,高出长视频用户 0.36 亿,网民使用比例达 78.2%。2019 年 6 月,我国短视频行业的用户规模达 8.57 亿人,仅仅半年就增长了 32.3%,随着 5G 商用的进一步落地,短视频将迎来新一轮的创新竞争。由此可见移动社交应用的普及程度以及未来发展的欣欣向荣。

消费者的消费从最早的功能式消费,到后来的品牌式消费,再到近年流行起来的体验式消费,现在已经进入了"参与式"消费时代。用户在哪里,企业的营销就在哪里进行。很多企业通过移动社交网启动用户互动,吸引用户参与,进行了丰富的营销及其商业模式创新实践。小米、马蜂窝、小红书等是其中成功的典范。小米的核心点是:通过移动社交网,和用户互动来做好产品,靠用户的口碑来做传播和营销,获得了空前的成功。马蜂窝利用其移动社交应用,集聚了 1.3 亿注册用户,每天通过用户互动实时产生了各种旅游数据:游记、问答、旅游攻略等等,成为中国领先的自由行服务平台。小红书通过短短几年的运营,其用户量截至 2019 年 6 月超过 2.5 亿,在小红书社区,用户通过文字、图片、视频笔记的分享,记录了这个时代年轻人的正能量和美好生活。小红书通过机器学习对海量信息和人进行精准、高效匹配,通过内容运营在自营平台上实现引流、变现、服务、留存全闭环,从而进行了各种创新。

由此想到的问题是:基于移动社交网企业是如何启动用户的互动并进行创

新的,其创新的机理和效应如何?具体而言,基于移动社交网企业启动用户互动有何策略机制?即营销活动的哪些特性吸引用户响应企业的活动并有良好的互动体验,从而积极传播企业品牌?用户互动参与企业的创新活动,有何心理效应?这将如何影响用户对其品牌的忠诚度从而影响企业的创新效应?企业与用户互动对新产品开发绩效有何影响?其影响机制和效应如何?企业与用户的互动行为能给企业带来哪些创新?能提炼哪些关键创新要素?并构建哪些典型的营销和商业创新的模式?标杆企业是如何与用户互动、如何启动用户间互动从而进行创新的?典型案例对业界有何启示?

为了回答上述问题,本书以移动社交网原理、心理学中的动机、诱因、心理所有权等理论、企业商业模式及其创新理论为理论基础,抓住移动社交网平台的本质特征,深入体验各种移动社交网平台,考察企业基于移动社交网启动用户互动进行各种创新的丰富实践,并从如下方面对基于移动社交网企业启动用户互动进行各种创新进行了全面系统的论述和阐释:第1章为概述,介绍了研究背景、移动社交网、互动、创新等相关概念。第2章进行了如下方面的文献回顾:移动社交网、企业与用户互动、用户互动行为、互动形式如 UGC、创新、营销创新、用户创新、产品创新、定价创新、促销创新,进而进行商业模式创新。第3章系统分析了移动社交网环境,研究了移动社交网现状、发展、特点、类型及其传播规律,企业与用户在不同的移动社交网上互动的特点、行为及其信息传播规律。第4章针对3个研究问题,即①研究企业启动用户互动,从而激发用户参与企业品牌传播创新的企业策略、用户心理行为及其效应;②用户互动参与产品创新的心理机制与效应;③用户互动对产品创新绩效的影响-创新机制、效应,分别分析了其理论基础,在此基础上构建了相应的概念模型,提出了相应的研究命题。第5章提出了企业基于移动社交网与用户互动进行创新的体系与创新类型。第6、7章分别以典型企业小米与马蜂窝为案例,分别对其基于移动社交网与用户互动、启动用户互动进而进行的各类创新的企业实践进行了系统、深入、具体的案例分析。

本书具有如下鲜明的特点:坚实的理论基础、鲜活的案例、与时俱进的资料和数据、典型的案例分析、丰富的移动社交网创新创业企业实践,而且行文深入浅出,通俗易懂。

在本书的撰写过程中,我的研究生谭欣佩、古岸芬、吴一璇也参与了第4、6、7章的工作,她们在资料查找、案例整理、文献收集以及图表制作等方面做了很多基础工作,黄姿瑜参与了参考资料的整理、贺敬瑜参与了词条索引工作,她们的聪明才智为本著作添砖加瓦,在此不胜感谢。上海交通大学出版社提文静博士丰富的编辑经验、中肯的建议使作者受益匪浅,为本著作的顺利出版提供了大力支持,在此一并感谢!

由于基于移动社交网平台企业与用户互动、启动用户之间互动进而进行创新创业的实践是近些年才发展的,本人对业界丰富的实践活动的理解和把握难免有局限性,可借鉴的理论不多,加之著书时间仓促,书中存在的错误与不妥之处,敬请广大读者提出宝贵意见。

周洁如

2019 年 9 月于上海

目　录
Contents

第 1 章

概　述

无互动,不营销,这既是企业界传诵的经典语录,也是基于移动社交网企业与用户互动进行创新创业的成功法则!例如小米、马蜂窝就是典型的成功案例。

1.1　研究背景

1.1.1　基于移动社交网企业与用户互动及其创新应用举例

1. 小米与用户的互动及其创新

小米公司成立于 2010 年 4 月,"为发烧而生"是小米的产品概念,该公司首创了用互联网模式开发手机操作系统、发烧友参与开发改进的模式。

在小米的创新创业中,小米的用户与其品牌从未如此相互贴近,互动从未如此广泛深入。当小米新品上线时,几分钟内,数百万用户涌入网站参与抢购,数亿销售额瞬间完成;通过移动社交网,用户扮演着小米的产品经理、测试工程师、口碑推荐人、梦想赞助商等各种角色,他们热情饱满地参与到品牌发展的各个环节当中。当小米开发产品时,数十万发烧友参与其中,热情地出谋划策;当小米要推广产品时,上千万的粉丝兴奋地奔走相告;当小米产品售出后,几千万用户又积极地参与到产品的口碑传播和每周更新完善之中……这一切都是源于小米基于移动社交网启动用户互动进行创新的业绩。

1)小米的参与感三三法则

小米奉行"把用户当朋友",公司的核心理念是用户的参与感,通过参与感来完成其产品研发、产品营销和推广以及用户服务,把小米打造成一个很酷的品牌,一个年轻人愿意聚在一起的品牌。小米的核心点:①和用户互动来做好产品；②靠用户的口碑来做传播和营销。雷军谈小米的成功秘诀："第一是参与感，第二是参与感，第三还是参与感"（黎万强，2014）。

2）小米的用户、粉丝及其米粉节

小米通过启动用户互动进行创新短短 7 年多取得了辉煌的成就。2018 年 2 月 1 日，IDC 发布的 2017 年第四季度全球手机出货量报告显示，小米重回全球第四，出货量同比大涨 96.9%。小米的用户、粉丝数量逐年大幅度增加。2015 年 1 月 MIUI 全球联网激活用户数已突破 1 亿，成为当时业内最活跃的用户群；2016 年 5 月，MIUI 全球联网激活用户数 2 亿；2017 年底，MIUI 全球联网激活用户数已经突破了 3 亿。2017 年底，小米在淘宝上拥有 1 557 万粉丝，是手机行业中粉丝最多的企业。截至 2018 年 1 月，小米 MIUI 应用商店累计分发量已达 1 200 亿（尚未更新的数据），2018 年小米应用商店前 3 个季度分发量突破 650 亿大关，其内容生态也一直处于健康、高速发展之中。2017 年 7 月，头条指数发布了《抖音企业蓝 V 白皮书》，公布了"知名品牌抖音蓝 V 账号粉丝数 TOP50"，adidas neo、联想、小米名列前三。

早在 2018 年 3 月，抖音与 adidas neo、奥迪、小米手机和卡萨帝洗衣机等品牌进行内测合作。抖音企业号于 2018 年 6 月 1 日正式上线，并全面打通今日头条、抖音、火山小视频三大平台。

为了感谢米粉们一路以来对小米公司的支持与陪伴，小米把成立日 4 月 6 日命名为米粉节，每年都会在这一天举办粉丝的盛大狂欢，进行对米粉的答谢活动。每年米粉节与用户互动的盛况空前。

小米的主打产品是手机，但其宣称为移动互联网公司，而在所有的环节中，包括研发、测试、发布、营销、售后等，无一不在极力打造用户的参与感，因而造就了小米公司今日的辉煌。

2. 马蜂窝与用户的互动及其创新

2015 年以来，马蜂窝（原名：蚂蜂窝）"从内容到交易"，从认知到决策、消费、分享的全链路闭环，打造了在线旅游业内经典的用户互动创新的模式。

1）"攻略全世界网红墙"——在互动场景中打开世界任意门

2017 年 12 月 8 日，马蜂窝旅行网携手知名时尚地标北京三里屯太古里，在太古里南区的橙色大厅，将 12 面网红墙巧妙设计成一座色彩斑斓的城堡，为用户带来了惊喜和温暖，在互动场景中打开了世界任意门。此次"攻略全世界网红墙"可谓是一次创意十足的用户浸没式体验。

设计理念结合了外部世界的多彩和内部理想世界的沉静，堪称是网红墙的乐园。为力求每一个作品真实还原,主办方不仅联系了原作者授权,还采取纯手工画的方法制作每一面网红墙。日本京都的千本鸟居、美国旧金山的救赎山以及有着真实版的纪念碑谷之称的西班牙阿利坎特的红墙,更是 3D 实体打造。

线上线下的融合也为网红墙搭建的游览场景增添了更多真实的互动。

扫描每一面网红墙旁边的二维码,均可查看该网红墙及所在目的地对应的旅游攻略。攻略中除了目的地的地点、交通等常规介绍外,还有网红墙的背景详解、拍照姿势教学指导、周边旅游攻略等多元化内容,为任何想要开启一段"网红墙之旅"的人提供全方位指南,犹如一扇通往当地的任意门。

自 2017 年 12 月 14 日起,每面网红墙前都有一个"未知旅行"二维码,扫码进入"攻略全世界网红墙"H5,根据提示语,选择对应不同网红墙的塔罗牌,分享并获得最多支持的用户,即可获得马蜂窝未知旅行实验室提供的前往网红墙目的地的单人往返机票,直接实现"穿越"。

2)马蜂窝的用户互动及其创新

目前,马蜂窝已积累 1.3 亿用户,其中 80% 的用户来自移动端;月活跃用户数 1 亿,点评数量达 1 600 万条。UGC、旅游大数据、自由行交易平台是马蜂窝的三大核心竞争力,移动社交基因是马蜂窝区别于其他在线旅游网站的本质特征。

为了激发用户的互动分享,马蜂窝推出了系列措施:进行个性化的界面创新,优化用户阅读攻略、撰写游记和行程的体验;通过旅游点评、旅游问答,马蜂窝以"所有人帮助所有人"的方式解决用户的疑问并提供决策参考;通过等级制度、虚拟货币(蜂蜜)、分舵、同城活动以及晾晒旅游资产般的"足迹"等,马蜂窝激励用户分享和互动。

马蜂窝用户通过交互生成海量的内容,经由数据挖掘,这些内容形成结构化的旅游数据并循环流动。马蜂窝依据用户偏好等数据,对应提供个性化的自由行产品及服务;全球的旅游产品供应商则能够通过马蜂窝的旅游大数据精准匹配,获得丰厚的利润回报。

马蜂窝于 2019 年 5 月获得了 2.5 亿美元融资,从正式创业至今短短不到十年就成为新旅游时代下的代表性企业。

以上无论是小米还是马蜂窝,其成功各有特色和路径,但它们都是基于移动社交网与用户互动进而进行创新实践的典范。

1.1.2 相关概念

1. 移动社交网

移动社交网,英文为 Mobile Social Networks,简称为 MSNs。移动社交网络本质是提供一个在人群中分享兴趣、爱好、状态和活动等信息的在线平台。

与传统的 PC 端社交相比,移动社交具有人机交互、实时场景等特点,能够让用户随时随地地创造并分享内容,让网络最大程度地服务于个人的现实生活。Kietzmann 等(2011)研究了社交网的 7 大功能,身份、对话、分享、存在感、关系、名声和群组,这些功能可以影响用户在社交网中的行为动机。例如,身份功能增强了用户主动参与话题讨论的意愿和行为,促进了意见领袖的产生;群组功能使信息交流的形式更加多样化,促进了内容社区的建立。

Ha 和 Park 等(2014)通过研究发现,移动社交网的社交性、便利性和用户主动参与的特性将会影响营销内容的信息化程度、娱乐性和刺激性,使用户获得一定的价值。这些价值将进一步影响用户对营销内容的态度,并最终作用于用户的行为意愿。

经过不到十年的发展,移动社交网用户数量剧增,达到了空前的规模。根据 Facebook 2018 年第四季度报告显示,Facebook 全球范围日活跃用户数量达到 15.2 亿,全球月活跃用户数量达到 23.2 亿,同比增长 8.6%,环比增长 1.8%,而 YouTube 当前拥有 19 亿月登录用户数,另外 Facebook 旗下的 WhatsApp 则在 15 亿左右。根据 2018 年 7 月腾讯财报数据显示,微信活跃用户数达 10.83 亿,QQ 月活跃用户达 8.5 亿。可见全球移动社交网用户的规模巨大,且其用户数量与日俱增。仅中美这两家社交网公司的用户数就超过 34 亿,可见全球移动社交网用户之巨大,且其用户数量与日俱增。

中国互联网络信息中心发布的第 43 次《中国互联网络发展状况统计报告》显示,截至 2018 年 12 月,我国网民规模达 8.29 亿,其中手机网民有 8.17 亿,占总网民的 98.6%,2018 年新增手机网民 6 433 万。使用台式电脑和笔记本电脑上网的比例分别为 48.0% 和 35.9%。该数据显示大量电脑端社交网络用户已转移到移动端社交网络。

从全球范围看,全球网民的三分之二都是移动互联网用户,一半以上都是移动社交网用户,从中国来看,96% 以上的网民为移动互联网用户,移动社交网(如微信)用户的使用率超过 84%,皆占据主导地位(周洁如,2017)。

如今,移动社交网时代信息传播发生了以下三个重要的转变:①信息从不对称变为对称;②信息传播的速度暴增,影响范围空前扩大;③互联网信息是去中心化的传播,通过社会化媒体,每个普通人都是信息节点,都可能成为意见领袖。

2. 用户互动

1)互动定义

用户(客户)互动的概念十分广泛,用户(客户)与企业双方的任何接触,都可以视为互动。例如,产品和服务的交换、信息的交流和业务流程的了解等都包含其中。互动并非是当前网络经济时代的产物,在社会学领域中,互动是指人类特有的一种有意识的过程。例如,可以把互动细分成交换、竞争、合作、冲突和强制。互动一般都具有双向沟通和利益共享的特征。为了在市场上为客户提供能够为其带来优异价值的产品和服务,企业需要充分利用信息的潜在内涵和各种互动技巧,努力在客户的购买流程中发展与客户的合作关系。

所谓的互动(interaction),顾名思义,就是双方互相动起来,指的是人与人或群体之间通过语言或其他方式对信息进行传播而发生的行为过程。互动营销常被定义为企业为了能够更好满足消费者需求,根据他们的意见和建议提供符合他们要求的产品或服务的一种营销方式,并且形成了一种交互关系的过程,互动是营销的核心。

Liu 与 Shrum(2002)研究了网络媒体广告中的互动,认为互动就是两个或多个沟通参与者之间、沟通者与沟通媒体之间、沟通参与者与信息之间相互作用和相互影响的程度以及这种相互作用与影响的同步性程度。Florenthal 等人(2010)指出,互动是指一个或多个个体对特定信息提供者的行为进行反应的程度。本研究中的互动,包括企业与用户的互动、用户间的互动。

在互动营销中,互动的双方一方是消费者,一方是企业。只有抓住共同利益点,找到巧妙的沟通时机和方法才能将双方紧密地结合起来。互动营销尤其强调,双方都采取一种共同的行为。

2)用户互动驱动因素。

以下因素驱动客户互动的发展:网络技术、信息技术的变化、客户角色的转变、企业经营理念的变化。此外,还包括社会学与传播学理论知识的发展。具体表现在以下几个方面:

(1)信息技术的推动。网络技术和互动媒体方式的发展引起营销环境的巨大变化。如从互联网到移动互联网,从社交网到移动社交网,从传统媒体到自媒体等多媒体的并存等,使得用户与企业、用户之间的互动变成可能。

企业管理软件的引入,使得企业管理的方式发生了翻天覆地的变化,使许多先进的管理理念迅速转化为管理实践,如 ERP 和 CRM 等软件的引入。由于信息技术的发展,使得企业能够做到一对一的营销,从而彻底改变了以前面向大众市场、追求市场份额的营销模式,客户份额和客户终身价值得到了前所未有的关注。

(2)消费者角色的变化。从大众化消费到个性化消费,每个消费者都变得更加独一无二。此外,"互动"这一互联网的核心本质已经能够非常深入地发掘每个用户的潜能,把那些在传统媒体里"沉默的大多数"鲜活地呈现在了互联网上,而且是"一个个、分别"地呈现在了互联网上。"人"这个最能动的媒体参与者也终于在互联网中第一次改变了被动接受的角色,出现了主动的、外显的特征。

(3)企业营销理念的变化。过去,许多企业都以"利润最大化"为其核心价值观,是以企业为中心的理念,强调的是企业独立地创造价值。但网络经济的发展正促使企业的核心价值观向"客户价值最大化"转移,开始真正以客户为中心,强调的是与客户共同创造价值。

在交易营销的理念下,由于传统的消费品市场规模较大,生产者与客户建立长期的互动关系几乎是不可能的。但随着交易营销观念被关系营销观念所取代,企业与客户之间的互动变得越来越频繁。

以上驱动因素的"合力",使得客户互动不断地向前发展,使理论与实践不断产生融合。

3. 互动营销

1)互动营销定义

互动营销是指通过互动平台进行企业与用户之间互动,从而提升企业公众关系的一种营销模式。在互动营销过程中,企业充分利用消费者的意见和建议,用于产品的规划和设计,为企业的市场运作服务。企业的目的就是尽可能生产消费者需求的产品,但企业只有与消费者进行充分的沟通,并理解他们,才会有真正适销对路的商品。互动营销的实质就是充分考虑消费者的实际需求,切实实现商品的实用性。互动营销能够促进相互学习、相互启发、彼此改进,尤其是通过"换位思考"会带来全新的观察问题的视角。

目前企业主要借助移动社交平台实现企业尤其是营销人员和目标客户之间的互动、用户与用户之间的互动。

2)互动营销平台及其特点

(1)互动营销平台。

数字化全渠道客户沟通互动平台,如腾讯企点(SCRM,社交化客户关系管理平台),它基于腾讯的社交、大数据和 AI 能力,助力企业更好地连接和理解客户,通过个性化的触达、沟通、互动,全面升级客户体验,最终提升企业营销、销售、运营和服务的绩效。

(2)互动营销平台特点。

互动性:互动营销主要强调的是商家和客户之间的互动。互动性是互动营销发展的关键,在企业营销推广的同时,更多信息应该融入目标受众感兴趣的内容之中。一般都是前期的策划,然后对某一话题,网络营销公司的幕后推手开始引导,接着网友就开始参与其中,这是比较常规的互动。而认真回复粉丝的留言,用心感受粉丝的思想,更能唤起粉丝的情感认同。这就像是朋友之间的交流一样,时间久了会产生一种微妙的情感连接,而非利益连接。

舆论性:互动营销主要是通过网民之间的回帖活动、间接或直接对某个产品产生了正面的或者负面的评价。但其中舆论领袖的作用也在彰显其重要地位。快乐大本营的杜海涛曾说过:"我们微博转什么产品,什么产品就卖到脱销。"这正是说明了名人效应对消费者的影响力十分重大,同时也表明在市场竞争日益激烈的情况下,意见领袖对企业品牌的口碑作用不可小觑。

眼球性:互联网本身就是眼球经济,如果没有网友的关注,就谈不上互动。互动营销主要是吸引用户的眼球,如果一起互动营销事件,不能吸引眼球,那么无疑这起互动营销事件是失败的。当然想要获得很多的互动效果,不应仅仅只考虑到眼球经济,更为重要的是定位要精准。

热点性:互动营销有两种事件模式,一种是借助热点事件来炒作,另一种是自己制造事件来炒作。自己借助事件,把事件炒作好,引起用户的关注,那么无疑需要抓住用户内心的需求,也即他们对什么事情比较感兴趣。

营销性:互动营销一般都是为了达到某种营销目的而做的事件炒作和互动。一般都是企业借助互动营销来帮助客户传达企业的品牌或者促进产品的销售。

(3)互动营销的基本要素。

第一,便捷性。实施互动营销,就是要访问者参与其中,互动营销是要访问者很方便地参与其中,而不是要经过复杂的过程才能参与其中,否则访问者参与互动的概率就会小了很多。人是有惰性的,特别是用户,其惰性更大,参与互动比较复杂,就会点点鼠标便离开,不会参与其中。

第二,有益性。比如网络调查可以进行有奖调查、产品的免费试用。想要访问者参与互动营销,对访问者必须要有利益的驱动,否则,其参与的概率也会大为降低,毕竟有空闲的人占少数。

第三,体验性。互动营销更要注重其用户体验,如果其用户体验不好,是不可能成为企业的潜在客户或准客户,这就会与互动营销的目的相违背。

随着移动社交网的不断发展,互动营销也将会出现更多的创新方式,更深层次渗透到企业的营销中去,互动营销也将会有越来越多的企业来实施。

(4)互动营销的形式。

一个企业要想发展,需要互动营销。将互动营销作为企业的营销战略重要组成部分来考虑,将是未来许多企业所要发展的方向。

互动营销的形式有两种,一种是由于企业的公关事件或由此引发的话题得到了广大目标群体的共鸣,于是目标群体积极响应,推波助澜,和企业共同把公关事件造成轰动效应。这一形式是公关事件成功的主要方式。

另一种方式是通过一个与人们传统价值观念或习惯对立的活动或话题引起人们的批判与讨论,从而将公关事件效果扩大化。

4. 用户参与和参与式消费

1)用户参与

参与(participation)是指用户(或顾客)卷入生产和传递相关的精神与物质方面的具体行为,用户(或顾客)努力和卷入的程度。用户(或顾客)参与一般是参与新产品的开发以及参与传播企业的品牌。

用户参与是消费者行为的一种,用户参与目前已成为业界主要的一种产品或服务开发模式。企业从过去以产品或服务为中心转变成以客户需求为中心,用户参与产品或服务的研发使得该产品或服务更加符合市场的需求同时增加用户对品牌的忠诚度和对企业的归属感。

2)用户参与趋势

红杉资本发现,影音娱乐及资讯类应用,正称霸一线城市"00"后用户市场。其中,最突出的就是短视频,"00"后所呈现的兴趣、社交、互动、参与、消费等几大特征与短视频的产品形态十分契合,成为短视频爆发的重要推动力。

红杉资本《"00"后泛娱乐消费研究报告》披露的数据显示,目前快手、抖音两个产品平分秋色。其中,快手日活用户超过 1.2 亿,月活用户突破 3 亿,并保持着稳定增长。

以快手为例,其极简的界面、良好的社区互动,以及普惠和精准的内容推荐机制大大提高了用户体验,成为吸引年轻人乃至"00"后的重要价值点。年轻人不仅在快手上消费泛娱乐内容,而且记录和分享生活点滴,生活、美食、技艺学习成为"00"后们越来越喜欢的品类。

几年后,随着 00 后进入职场,成为移动社交网用户的中坚力量,他们呈现的消费偏好与群体特征,将为移动社交网产品的迭代和创新带来新机会。如何演进并抓住这一机会?

红杉资本结合用户行为特征和商业化演进趋势,给出了互联网产品尤其是泛娱乐企业几个重要的迭代方向。其中之一就是用户深度参与和创造。无论品牌、产品或服务打造,都必须引导用户深度参与和共同创造,强调用户主导;社交和互动(如分享、评论等)作为引流,进一步进行用户精细化运营。

这方面,短视频行业的探索走在了前面。比如,由于重视普通人的记录和生产者体验,在正确价值观引导下,快手用户生产内容的频次、活跃度和评论互动,相比同类产品展现出更大优势。

面对新的人群和市场形势,红杉资本在营销和运营方面给出的建议是:对泛娱乐领域的企业而言,获取用户最好的方式就是快速与用户产生联系,并让用户真正融入、有效感知与真实反馈。

3)参与式消费

伴随着消费者意识的崛起,多元媒体渠道的涌现,人们的消费观念正在发生变化。消费者选择商品的决策心理在这几十年发生了巨大的转变,用户购买一件商品,从最早的功能式消费,到后来的品牌式消费,到近年流行起来的体验式消费,而现在,已经进入了"参与式"消费时代。这也意味着消费需求发生了一次关键的跃迁,消费需求第一次超出了产品本身,不再囿于产品的物化属性,更多延伸到了社会属性:买东西能让用户参与到什么样的新体验进程中去。与此同时,一些知名企业也迅速调整营销手段,参与式营销(participation marketing)随之走红。众多广告主通过开展创新性的参与式营销,将品牌建设的"话语权"交到了网络用户手中。小米和马蜂窝所参与其中的正是全新的"参与式消费"。参与式营销是 21 世纪营销战中最有力的秘密武器,它与消费者的沟通和互动最有力。

如今,对用户参与程度和营销活动娱乐性的要求日益凸现,单纯的广告或活动冠名,已远远不能满足品牌互动营销的深层需要。企业需要进行参与式营销,借此,企业既可持续了解客户的想法和需求,又可在价值交换时与客户进行更紧密、更及时的互动,消费者则有更大的热情和兴趣参与互动。

品牌为何要开展参与式营销?基于如下理由。

首先,品牌不再高高在上,消费者已经上升到最高的位置。在 Marketing2.0时代,任何品牌如果简单地按照自己的推断去制订品牌策略,去满足消费者体验,则意味着冒险和错误。品牌要想得到消费者的认同,一个最好的办法就是让消费者参与品牌建设,由他们主动提供自己的想法和做法。

其次,传播主体中心化的趋势日益明显,媒体不再是信息的唯一制造者和传播者。在 Web2.0 的世界中,网络媒体更像是一个信息支持平台和人气聚合平台,消费者已经不再是传播的终点,他们成为传播过程中的一个节点,甚至在一定意义上是媒体。在众多的营销活动中,消费者既接受来自各方面的信息,也同时在制造信息和向各方传播信息。

最后,消费者真正成为上帝。品牌和媒体不再像以往那样能控制所有的品牌体验和传播资源,由品牌主导消费行为的时代已经一去不返。以往的专业和正统营销理念正受到消费者自我意识的强大挑战,只有引导、迎合消费者的行为和体验,才能使品牌的营销效果得到最大程度的释放。

5. 创新

1)创新的定义

创新是指以现有的思维模式提出有别于常规或常人思路的见解为导向,利用现有的知识和物质,在特定的环境中,本着理想化需要或为满足社会需求而改进或创造新的事物、方法、元素、路径、环境,并能获得一定有益效果的行为。在高速变化的移动互联网时代,创新正在成为每个企业的基本行为及其每个组织和个人必须具备的能力。

2)营销创新

营销创新(marketing innovation)就是根据营销环境的变化情况,并结合企业自身的资源条件和经营实力,寻求营销要素在某一方面或某一系列的突破或变革的过程。营销创新的切入点就在生活中,或者说就在消费者身边。如果缺乏营销思维,就无法把握住这些切入点,营销创新也就成了无本之源。

3)商业模式及其创新

商业模式是管理学的重要研究对象之一,有了好的商业模式,成功就有了一半的保证。它包含了一系列要素及其关系的概念性工具,用以阐明某个特定实体的商业逻辑。它描述了公司所能为客户提供的价值以及公司的内部结构、合作伙伴网络和关系资本等用以实现(创造、推销和交付)这一价值并产生可持续盈利收入的要素。

商业模式创新是指改变企业价值创造的基本逻辑以提升顾客价值和企业竞争力的活动。既可能包括多个商业模式构成要素的变化,也可能包括要素间关系或者动力机制的变化。

无论是小米还是马蜂窝,其创立和发展都是以移动社交网用户互动参与行为为基础和原动力,其创新在于企业充分利用与用户的互动活动来进行产品与服务创新、销售渠道创新、促销传播创新以及定价创新,最后带来了商业模式的创新。

1.2　研究问题

由上述的企业实践与移动社交网的兴起和发展,想到的问题是:基于移动社交网企业是如何启动用户的互动并进行创新的,其创新的机理和效应如何? 为了回答这一问题,由此衍生的次一级问题是,基于移动社交网(MSNs):

(1)企业启动用户互动有何策略机制? 即营销活动的哪些特性吸引用户响应企业的活动并有良好的互动体验,从而积极传播企业品牌?

(2)用户互动参与企业的创新活动有何心理效应? 它将如何影响用户对其品牌的忠诚度从而影响企业的创新效应?

(3)企业与用户互动对新产品开发绩效有何影响? 其影响机制和效应如何?

(4)企业与用户的互动行为能给企业带来哪些创新? 能提炼哪些关键创新要素? 并构建哪些典型的营销和商业创新的模式?

(5)标杆企业如何启动用户互动进行创新? 典型案例对业界有何启示?

本书拟研究的核心问题、可能的营销创新及相关者之间的关系如图 1-1 所示。在图 1-1 中,MSNs 为互动平台,吸引成员注册、登录,在社区活动中集聚人气,从而形成对企业的商业价值,也直接为用户、企业提供服务。用户在此平台获取、分享信息、上传用户原创内容,满足其交友、自我表达、获取信息、娱乐等需求;企业借助此平台启动用户间互动、与用户互动,征集研发产品的意见、用户需求调研,发布产品信息、传播品牌、影响其购买意向、购买行为以及传播品牌信息行为,或利用此平台促成交易等。

总之,基于此平台,企业启动用户的互动、与用户互动,激发用户积极参与企业各关键环节的活动,包括产品研发、测试、发布、销售、售后、品牌传播等活动(如小米),因而带来营销及其要素的创新,如用户创新、产品与服务创新、促销传播创新、渠道创新、定价创新等,从而大幅度降低成本,提高效率,获取创新绩效,最终获得成功。

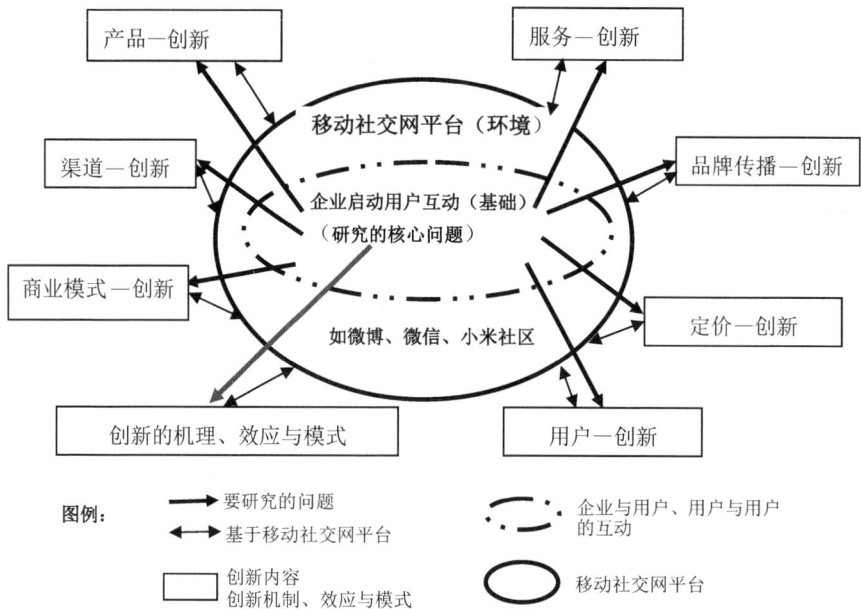

图 1 - 1　本书拟研究的核心问题、可能的创新及各相关者之间的关系

1.3　研究意义

1. 本研究意义的理由

笔者(周洁如,2016)认为,移动社交网有如下特性:

第一,移动性。这是移动社交网最显著的特性。移动性体现出的最主要的优势在于移动的自由、独特性、定位导向、便利性和个性化,它体现了从静止到移动、从桌面到手持终端,从单一到多元化的转变,这种转变在为用户提供便利的同时,也使得人们的时间碎片化。

第二,用户可定位性,它是移动社交网的核心属性。一方面该特性为用户传统的交友模式带来创新的空间。一是结交陌生人,二是使得多维化社交成为可能。另一方面,为企业的营销提供新的视角。用户地理位置的可辨识性或是用户主动通过社交网络上的"签到"等功能来主动提供自己位置的特点,也为用户与企业之间建立起一种新型的商业沟通方式,企业根据用户此时此刻所处的位置来有针对性地向用户推送信息,达到精准营销的目的,用户也可以避免被迫接受海量无关信息的推送。

第三,覆盖面广。移动互联网时代的到来让智能手机等移动终端的价格平民化,移动终端用户大幅度增加,因而移动社交网络的覆盖度较之传统的方式更广。

第四,用户黏性大。由于移动终端尤其是智能手机是用户每天接触最多或是随身携带的工具,便捷性、随时可得性及其功能的日益增加使得用户使用手机的频率加大,使用手机实现各种社交功能的频率也随之加大,各种小应用让用户充分实现碎片化时间的利用,这种使用习惯在一定程度上强化了用户对社交产品的依赖程度,更容易提升用户黏性。

移动社交网的以上特点使得用户可随时随地创造内容以及用户之间的频繁互动、分享。用户互动参与是移动社交平台重要的流量来源与保障,决定着社交网络的活跃程度。

上述移动社交网的特点,也极大地改变了企业创造价值、获取价值的游戏规则,也孕育了企业通过启动用户互动、参与企业创新的意愿和行为,从而带来诸多营销及其要素创新、进而商业模式创新的机会。

移动社交网是近些年才出现的网络平台,基于该平台企业与用户的互动依然是新生事物,一方面基于该平台企业启动用户互动从而参与企业的营销创新的实践活动也才不久,有成功者的身影(如小米),需要总结和概括他们的经验,也不乏失败者,大多还处于迭代更新中,充满了探索者的身影,急需理论上的指导。而国内外对此的研究也刚刚起步,理论研究较少,没有对此完整的、成体系的研究。因此研究基于移动社交网企业与用户互动行为及其创新,具有重要的理论和现实意义。

2. 本研究的理论意义

基于 MSNs 环境,研究用户互动的创新将在如下方面弥补目前理论研究的缺乏:

(1)通过实证和案例研究探寻企业启动用户互动,从而激发用户参与企业创新的动力机制;

(2)探索用户参与企业创新的心理机制、行为特征以及用户与企业互动进行创新的效应;

(3)通过问卷调研、案例分析和现场研究探寻企业与用户互动进行创新的内容、方法体系;

(4)通过问卷调研、案例分析和现场研究构建企业与用户互动进行创新的典型模式。

总之,为基于 MSNs 与用户互动进行创新的企业提供理论上系统化的视角。

3. 本研究的实践意义

研究基于移动社交网用户互动的创新具有如下实践意义:

(1)为企业基于移动社交网启动用户互动进行创新提供理论指导;

(2)为企业基于移动社交网启动用户互动进行创新提供决策依据;

(3)为企业基于移动社交网启动用户互动进行创新提供方法体系的指导;

(4)为企业基于移动社交网启动用户互动进行创新提供模式选择;

(5)为企业基于移动社交网启动用户互动进行创新提供标杆和案例学习;

(6)也为政府制定移动社交产业政策和相关企业的投资提供决策依据。

1.4 研究方法

本研究是该项目的前期研究,其研究方法主要集中在如下三个方面:

1.4.1 文献法

文献法,是指结合文献资料对单一对象进行分析,得出事物一般性、普遍性的规律的方法。具体而言是指通过阅读、分析、整理有关文献材料,全面、正确地研究某一问题的方法。实施步骤:①编写大纲;②搜集并鉴别有关的文献;③详细阅读有关文献,边读边摘录;④根据大纲将所摘录的材料分项分条加以组织;⑤分析研究材料,写成报告。

该研究方法的优点有:①研究者可以选择他们不能亲自接触研究对象的课题进行研究;②不会引起研究对象的情绪反应;③抽样容量大、费用低。其缺点常来自文献本身的一些缺陷,如:许多文献的作者往往带有一定的思想倾向性;保留下来的文献大多已经经过某种选择或不够完整。

文献法是最基础和用途最广泛的搜集资料的方法,也是一种独特的和专门的研究方法。该方法是既古老又富有生命力的科学研究方法。

本研究已查阅还将继续查阅国内外学术文献、有关企业基于移动互联网启动用户互动进行创新的企业实践的报纸杂志、企业内参、相关书籍,力争为本主题的研究带下坚实的基础。

1.4.2 访谈法

访谈法又称晤谈法,是指通过访员和受访人面对面地交谈来了解受访人的心理和行为的心理学基本研究方法。因研究问题的性质、目的或对象的不同，访谈法具有不同的形式。根据访谈进程的标准化程度，可将它分为结构型访谈和非结构型访谈。访谈法运用面广，能够简单而迅速地收集多方面的工作分析资料，因而深受人们的青睐。

本研究使用该方法，走访典型企业相关管理者、用户，从而与时俱进地了解企业启动用户互动的策略、活动，以及互动的绩效、用户间互动、用户与企业活动的心理及其行为，从而探索企业启动用户互动的策略、效果、用户互动心理、行为及其效果。

1.4.3　案例分析法

案例分析法，又称个案研究法，是由哈佛大学于 1880 年开发完成，后被哈佛商学院用于培养高级经理和管理精英的教育实践，逐渐发展成今天的"案例分析法"。哈佛大学的"案例分析法"，开始时只是作为一种教育方法用于高级经理人及商业政策的相关教育实践中，后来被许多公司借鉴过来成为用于培养公司企业得力员工的一种重要方法。通过使用这种方法对员工进行培训，能明显地增加员工对公司各项业务的了解，培养员工间良好的人际关系，提高员工解决问题的能力，增加公司的凝聚力。

本研究调研、走访典型企业高管、相应的用户管理、研发等人员、社交网用户，尤其是意见领袖，收集一手资料，更多地了解典型企业与用户互动进行创新的鲜活案例，尤其是以小米与马蜂窝为案例进行案例分析，为理论研究或者实证研究提供佐证。

1.5　研究框架与内容

1.5.1　研究目标

基于移动社交网企业启动用户互动进行创新的研究—机理、效应与模式，是一较大的课题，本研究是这一研究的先导研究、基础研究。以移动社交网环境为背景，首先进行相关领域的文献回顾，在此基础上，研究移动社交网现状、发展、特点、类型及其传播规律，企业与用户在不同的移动社交网上互动的特点与行为；进而针对不同的研究问题，分析其理论基础，进行变量的初步选定，在此基础上构建相应的概念模型，进而提出企业基于移动社交网与用户互动进行创新的体系与可能的类型,并进行相应的分析;最后,选取典型企业如小米、马蜂窝,对这两个企业基于移动社交网如何与用户互动进而创新进行系统的案例分析。

1.5.2 研究框架和内容

本研究基于移动社交网企业启动用户互动及其创新研究——机理、效应与模式,其研究内容及其逻辑如图 1-2 所示。研究包括 5 个子课题,即研究内容 1～5,如图 1-2 所示。

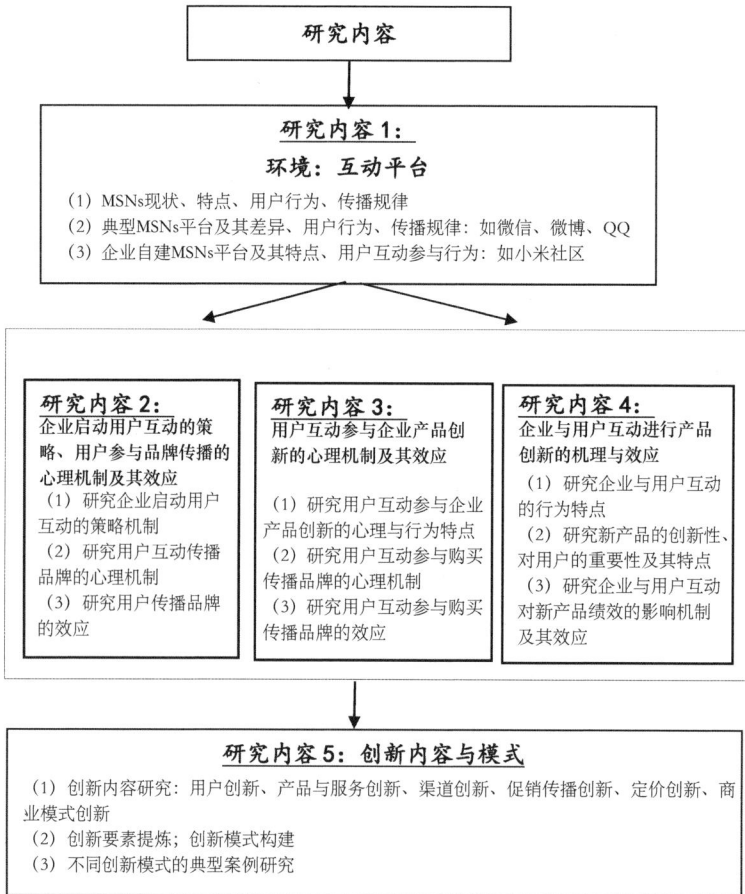

图 1-2 研究内容及相互间的关系

其中研究内容 1 为移动社交网环境研究;研究内容 2～4 为机理和效应,即研究内容 2:企业启动用户互动的策略、用户参与品牌传播的心理机制及其效应;研究内容 3:用户互动参与企业产品创新的心理机制及其效应;研究内容 4:研究企业与用户互动进行产品创新的机理与效应;研究内容 5 为创新内容与模式。

本著作是该课题的先导研究,其研究框架如图 1-3 所示。研究基于如下逻辑进行:第 1 章:概述;第 2 章:相关文献回顾;第 3 章:移动社交网环境及其特点;第 4 章:理论基础及其概念模型;第 5 章:基于移动社交网企业与用户互动创新的体系及其可能的类型;第 6 章:基于移动社交网小米与用户互动及其创新的实践案例分析;第 7 章:基于移动社交网马蜂窝与用户互动及其创新的实践案例分析。其研究框架及其各章内容如图 1-3 所示。

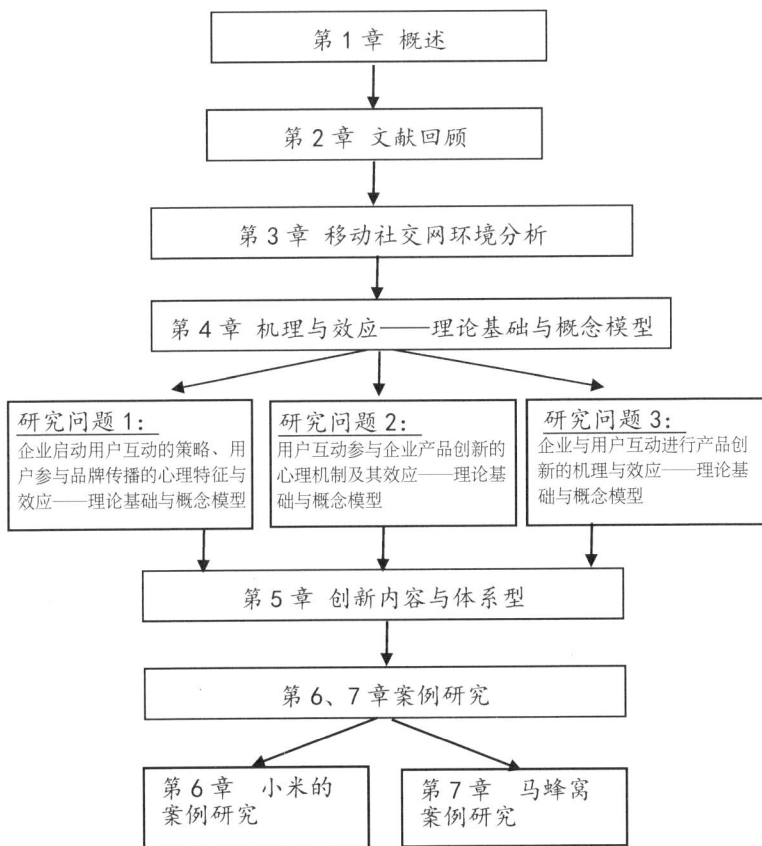

```
┌─────────────────────────────┐
│        第 1 章 概述          │
└─────────────────────────────┘
              │
              ▼
┌─────────────────────────────┐
│       第 2 章 文献回顾        │
└─────────────────────────────┘
              │
              ▼
┌─────────────────────────────┐
│   第 3 章 移动社交网环境分析   │
└─────────────────────────────┘
              │
              ▼
┌───────────────────────────────────────┐
│  第 4 章 机理与效应——理论基础与概念模型  │
└───────────────────────────────────────┘
        │          │          │
        ▼          ▼          ▼
┌──────────┐ ┌──────────┐ ┌──────────┐
│研究问题 1:│ │研究问题 2:│ │研究问题 3:│
│企业启动用户│ │用户互动参与│ │企业与用户互│
│互动的策略、用│ │企业产品创新的│ │动进行产品创│
│户参与品牌传播│ │心理机制及其效│ │新的机理与效应│
│的心理特征与│ │应——理论基│ │——理论基│
│效应——理论基础│ │础与概念模型│ │础与概念模型│
│与概念模型  │ │          │ │          │
└──────────┘ └──────────┘ └──────────┘
        │          │          │
        ▼          ▼          ▼
┌─────────────────────────────┐
│    第 5 章 创新内容与体系型    │
└─────────────────────────────┘
              │
              ▼
┌─────────────────────────────┐
│      第 6、7 章案例研究        │
└─────────────────────────────┘
        │              │
        ▼              ▼
┌──────────┐    ┌──────────┐
│第 6 章 小米的│    │第 7 章 马蜂窝│
│案例研究   │    │案例研究   │
└──────────┘    └──────────┘
```

图 1-3 本书的研究框架

第 2 章

文献回顾

通过对已有文献进行梳理,发现国内外对本课题直接相关的文献不多,但对于本研究课题中的关键词相关的研究不少。与本选题相关的文献概括为以下三类:研究移动社交网的文献、研究用户(顾客)互动及其参与行为的文献、研究创新特别是营销与商业模式创新的文献。

2.1 国外研究现状

2.1.1 有关移动社交网的研究

社会资本的积累是社交网建立的基础,它能帮助个体动员整个社交网络的资源来实现情感交换或信息交换的目的。随着移动社交网的不断发展,用户之间的线上连接更加频繁,通过信息共享和人际间的交流互动,个体所拥有的社会资本得以不断巩固。Y. Wang 等(2014)指出 MSNs 平台包括如下经济属性:移动性、网络外部性和群体效应、长尾特性,认为现有 MSNs 平台是一个双边市场,其用户群体可以分为两类:顾客方和内容/服务提供商,其中内容/服务提供商包括广告商、第三方开发商和业务供应商。

移动社交网用户间关系也是学者们关注的研究点。Granovetter(1973)最早明确了人际关系强度的定义,他认为关系强度是一个多维度的概念,是时间长度、情感强度、隐私程度和互利关系的结合,这些要素相互独立又彼此相联。多年来,学者们一直运用该定义来测试不同的关系强度所产生的影响。

"六度分割理论"是社交网发展的理论基础。该理论指出:你和任何一个陌生人之间所间隔的人不会超过六个,也就是说,最多通过五个中间人你就能够认识任何一个陌生人。1967 年哈佛大学的心理学教授斯坦利·米尔格拉姆根据这个概念做过一次连锁信件实验,尝试证明平均只需要五个中间人就可以联系任何两个互不相识的美国人,即朋友的朋友是朋友。

移动社交网中用户与用户连接而成的网络不仅促进了社会资本的积累,而且提供了信息传播的渠道。从单个网络的角度来看,移动社交网的关系连接代表了人际间联系的紧密程度,包括关联度、支持度和亲密度等。Zhao 和 Xie(2011)通过研究证明了来自强关系的在线推荐在改变用户近期偏好时有更强的作用,而弱关系推荐在改变用户未来远期偏好时有更强的影响。

López(2014)通过研究分析了在社交网上分享与消费体验相关的情绪对消费者最终满意度的影响。结果表明,负面情绪的分享可以放大消费者的不满,但该影响受负面情绪的类型和与信息接收者的关系强度的调节。

Luo 等(2014)在研究旅游口碑的传播特点时发现,社交网上的旅游口碑的传播依赖于用户当前的社会关系。这种关系也可以分为三类:较强、中等及较弱,其中强关系代表接触的双方彼此熟悉并能相互提供支持,中等和弱关系强度代表接触双方仅仅相互认识或知道彼此的存在。此外,他们还从整体网络的视角,运用社会网络分析法检验了社交网上与旅游相关口碑的传播特点,发现根据信息传播者和接收者连接的紧密程度、集中程度等,传播网络具有结构化的、松散的、扁平的或高度集中的等多种模式。

Peng,S.等(2017)提出了一种定量测量移动社交网络中社会影响的机制,且利用图论构建社会关系图,为理解社会影响的基本概念奠定了坚实的基础。他们提出了一种基于社会关系图谱来衡量直接和间接影响的模型,通过引入朋友熵和交互频率熵来描述社会影响的复杂性和不确定性。基于流行病模型,他们设计了一种算法来描述社会影响的传播过程,并通过使用一个基于真实世界 SMS/MMS 沟通数据库的定制程序来评估其模型的有效性。根据现实世界的数值模拟分析结果显示,该社会影响评估模型可以有效地描述移动社交网络中的社会影响。

移动社交网为消费者与品牌的沟通建立了便捷的渠道。利用移动社交网平台,品牌不仅能为消费者提供与其他消费者交流的机会,还能将自身定位为社交网络中的一部分,促进消费者与品牌的互动。Tsai(2014)在对中国的移动社交网用户行为进行研究时,发现品牌与消费者基于移动社交网的交流可以赋予品牌人的属性,促使消费者将品牌视为具有人的特性的个体,从而建立两者间平等的人际关系。这种平等的关系有助于增强消费者与品牌之间的社交互动,促进消费者对社交媒体的依赖。Shan(2015)通过检测品牌创建的内容和用户社交网传播的内容对信息接收者内容转发意图的影响,发现二者的交互作用可以显著影响消费者与品牌之间的关系,增加消费者转发来自线上熟人的信息的意图。

基于移动社交网,品牌还可以通过建立社区来增进与消费者的互动,获取消费者对产品或服务的反馈。Chi 等(2011)认为品牌社区不仅可以将对同一品牌感兴趣的个体聚集在一起参加社区活动,例如参与竞赛,图片、视频等形式的 UGC 的创作和分享,获得优惠券等,还允许消费者通过移动社交网"点赞"或"转发"某一品牌的相关内容,并以此来定义他们的个人和社会身份。Xie 和 Lee (2015)通过研究发现,Facebook 上的品牌相关活动对消费者购买品牌的可能性有显著的正向影响,这种正向影响可以促进品牌主页的用户积累,增加消费者参与品牌社区的意愿,但不一定会实现最终销售额的转化。Sung 等(2010)通过对比消费者自发建立的品牌社区与营销人员建立的品牌社区,发现在营销人员建立的品牌社区中消费者寻求激励的意愿更强,而在消费者自发建立的品牌社区中消费者寻求娱乐性、便利性和信息的动机更强。

2.1.2 有关移动社交网上用户的互动

1. 用户(顾客)互动类型与维度

商业环境中的互动,包括企业与用户的互动、用户与用户间的互动。随着移动社交网的发展,用户或者消费者群体的声音越来越大,顾客(用户)间的互动越来越普遍,他们相互间的作用、相互间互动的商业价值也不断被公司认可和重视。近些年,业界不仅重视用户之间的互动,而且更加重视企业与用户的互动以及企业如何启动用户(顾客)间的互动。因此,本研究的用户互动为全方位的互动概念,不仅指用户(顾客)间的互动,更包括了企业与用户(顾客)间的互动。

关于用户互动维度,学者们有不同的观点:分别有二维、三维、四维以及更多维的划分。Yadav 与 Varadarajan(2005)认为互动有两个维度,前者从公司感知的互动出发,二维是指公司与公司的互动、公司与员工的互动,后者从顾客感知的互动出发,二维是指公司与顾客的互动、顾客与顾客的互动。McMillan 与 Hwang(2002)开发了感知交互性的量表(MPI),其包括及时沟通、无延误、吸引力三个维度。Liu(2003)探讨了互动的本质及其基本过程,提出感知互动有三个维度,分别是积极控制、双向沟通以及同步性,并总结互动对广告效果的影响可能是人和情境共同作用的结果。Bonner(2010)将顾客互动分为双向沟通、顾客参与和共同解决问题三个维度,并表明一个包含上述维度的高度互动的客户流程,可以让组织了解客户需求,并开发出更成功的新产品。Ramani 与 Kumar (2008)强调营销中的互动导向不仅反映了公司与个体客户互动的能力,而且通过连续的互动从客户获得的信息,可实现有利可图的客户关系,并确定了互动导向的四个维度:顾客观念、互动反应能力、顾客授权以及顾客价值管理。Florenthal 与 Shoham(2010)提出渠道互动有四个维度,分别是人际互动和信息互动(客户化)、媒介互动(易达性和有效导航)和产品互动(功能可见性),并认为渠道偏好是由顾客感知渠道互动维度和其对渠道互动的偏好之间的匹配所决定的。Gao 等(2010)提出移动广告中感知互动性由以下六个相关但不同的构念组成:用户控制、同步性、双向沟通、连接性、娱乐性和人际沟通。

2. 企业与用户的互动

企业重视与用户互动,是因为这种互动能给企业创造价值。Von Hippel E (2005)认为企业与用户间的紧密合作能够帮助企业管理对于用户资源(如:独特的用户体验、知识、创意等)的依赖。Prahalad 等(2004)指出,企业与用户共同创造价值,核心在于企业与用户的互动。Goh K Y 等(2013)通过将 Facebook 上某品牌粉丝社区的用户与企业互动的内容数据与消费者交易数据结合进行量化分析,发现社交媒体上的互动内容通过信息嵌入和其说服力影响消费者的购买行为。Gruner K E 等(2000)发现在新产品开发过程的不同阶段顾客互动的强度以及互动顾客的特点,对产品绩效有显著影响。

企业重视与用户的互动,还希望通过这种互动启动用户(顾客)之间互动,启动用户的参与。不少学者针对顾客互动的动机进行了一系列探索。Baron and Harris(2007)根据游戏和互动理论解释了顾客互动行为。在这种背景下,顾客互动行为能够实现社交网中个人身份认同和名声的增加。Vom Lehn(2006)运用来自公共空间理论的方法来解释消费者之间的社交交换习惯。此外,也存在很多建立在社交心理学原理上的研究。例如,Yang(2007)通过人际情感解释了顾客互动。各种研究探究了顾客互动对顾客满意度、承诺、忠诚度和感知经济、社会和个人服务价值(Gruen 等,2007)的积极影响。此外,还有很多学者分别从内部、外部动机研究了顾客与企业互动,如用户在线参与企业新产品开发的动机(Lakhani 等,2005;Chu 等,2009;Fuller 等,2006)。

3. 用户(顾客)互动主要的表现形式

用户(顾客)间互动、用户(顾客)与企业间的互动有不同的表现形式,主要有如下几种:UGC、口碑、在线八卦、吐槽等与传播企业品牌信息有关的形式以及用户(顾客)参与。

1) UGC——用户生成内容

UGC 的定义:用户生成内容是指各种各样来自用户而不是商业机构的媒体内容。UGC 的概念起源于 Web 2.0 模式,该模式开放性、平台性和共享性的特点使用户之间的交流可以不受时间和地域的限制,从而激发了用户与用户之间互动。Wunsch-Vincent 和 Vickery(2007)提出了判断媒体内容是否为 UGC 的三个条件:必须是用户原创性或创新性的劳动,体现一定的价值,而不是简单的复制粘贴;必须能借助互联网媒介进行公开传播,有别于个人邮件、即时短信等内容;内容的创作必须与金钱利益无关,即不是某些个人或机构为获得商业利润而创作的内容。

Owusu 等(2016)认为 UGC 是指消费者、用户和专家发表的,关于产品、服务或营销活动的独立、非商业性的,且能通过各种互联网媒介进行传播的意见、体验、评级和讨论等内容。

UGC 的传播平台:其传播平台涵盖了博客、微博、社交网、在线社区及照片和视频分享网站等各类传播媒介。早期国内外关于 UGC 的研究大多基于购物网站、社区论坛和博客等媒体,例如 Chevalier 和 Mayzlin(2006)研究了 UGC 对亚马逊购物网站上图书销售量的影响,发现积极评价对图书的购买有显著的正向影响,而消极评价的负向作用明显,评价的效价和数量可以共同作用影响图书的销售。然而近年来,随着移动社交网的普及以及用户渗透率的提高,UGC 的传播平台也从传统社交媒体转变为以 Facebook、微信、微博为主的移动社交网。

针对不同类型的传播媒介,UGC 呈现出不同的特点。Smith 和 Fischer 等(2012)检测了在 Twitter,Facebook 和 Youtube 三种不同类型的平台中与品牌相关的 UGC 的不同。结果表明三个平台上都有与品牌相关的信息,且消费者对于品牌的感情相似,区别在于微博上 UGC 的品牌集中度最高,内容社区中的 UGC 具有自我推销的特点,而微博和社交媒体中的 UGC 具有营销者导向。

有关 UGC 的应用研究:UGC 已被应用到各个产业和领域中,并对企业营销实践产生影响。基于社交网的酒店板块,Crespo 等(2015)从用户感知的角度探究了社交网上的用户原创内容对用户行为的影响。通过对西班牙和葡萄牙的 776 名社交网用户进行实证研究,发现用户感知的酒店相关 UGC 对用户行为的作用主要受信息价值、来源可靠性及这些因素交互作用的影响。Chung 和 Han(2015)通过对详尽可能性模型进行改进,测量了社交媒体中信息质量和来源可靠性对游客采用旅游信息相关 UGC 的影响。研究验证了信息质量和来源可靠性对旅游信息相关 UGC 采纳的正向影响,及在该过程中感知有用性和社交关系的中介作用。

随着社交网的快速发展,涌现了很多新的媒体 UGC 表现形式。探究形式效应的研究表明,相对比文本形式,将音频效果与可视性结合起来的内容具有更大的说服力,能够促进信息的回响,增强信息的显著性,并最终影响消费者的行为意图。Paek 等(2011)认为在虚拟的环境中丰富的内容形式更具有吸引力,容易记住且说服力强。视频形式使消费者能够将形象、文本、声音以一种可视化的形式呈现出来,从而进行经验和意见的分享。

Dellarocas 等(2007)将 UGC 的影响作用分为三个部分:数量作用,效价作用和传播作用,数量作用是指 UGC 的数量对消费者的影响;效价作用是指正面的评价会增加购买,而负面的评价则有可能削弱消费者的购买意愿;而传播作用是指 UGC 在社交网中的传播将对消费者产生短期或长期影响。通过统计电影票房,Dellarocas 等(2007)验证了数量、效价和传播对电影票销售的正向显著影响。

Ye 等(2010)通过研究发现 UGC 的数量每增加 10%,在线旅游预订会相应地增加 5%。Flanagin(2013)通过观察电影的线上评分来源、评论数量,发现评论的数量与用户对 UGC 的信任正向相关,而评论的来源与数量相互作用共同影响用户的可信度感知,例如当信息量很少时,人们往往更喜欢专家意见,当信息量很多时,人们往往更喜欢用户原创信息。基于 Youtube 上的产品相关UGC,Mir 和 Rehman(2013)证明了 UGC 的数量可以影响消费者对 UGC 的感知可信性和感知有用性的评价,进而影响消费者对于产品的态度,而态度又将影响消费者的行为意图。

然而,Duan(2008)却发现电影评论的数量越多越能促进票房的增加,而电影的评价越高却并不一定导致影票销售的增加,即在电影的消费过程中,UGC数量的作用要远远大于 UGC 效价的作用。基于调节焦点理论,Zhang 等(2010)提出在评论效价对内容说服力的影响过程中,与产品或服务相关的消费目标起到调节的作用。消费者评论的产品与促进消费目标相关时,他们感知到的正面评论比负面评论更有说服力;相反,当消费者评论的产品与抑制消费目标相关时,他们感知到的负面评论比正面评论更有说服力。Jin(2014)基于社会资本理论和社会身份理论,验证了信息传播者的粉丝数量和 UGC 效价在对消费者的产品参与意愿,购买意愿和内容转发意愿的影响中起交互作用。

一些学者也调查了中立的 UGC 对产品销售额的影响。Tang(2014)通过控制 UGC 形式(文本和视频 UGC)、实验刺激物(汽车、电影和平板电脑)和实验方法(先前经验和行为实验)设计了三个实验,结果证明了混合中性 UGC(包含等数量的积极和消极内容)加强正面和负面 UGC 对产品销售额的影响,而无差异中性 UGC(既不包括正面也不包括负面)则会削弱这种影响。

有关 UGC 的传播效应研究:Kim 和 Johnson(2016)运用 S‐O‐R 消费者反应模型,检测了正向的品牌相关 UGC 对顾客反应的影响。结果表明,与品牌相关的 UGC 可以作为刺激因素,激发顾客的情感反应和认知反应,并通过这两者进一步影响顾客的行为反应,包括信息转发、购买意图和品牌参与等。

除了影响信息接收者对内容的采纳,有效的 UGC 传播还可以促进线上消费行为的转化。Hazari(2016)调查了 UGC 的享乐性和实用性的特点如何影响用户对线上产品的购买意图及用户对不同类型评论的信任。Malthouse(2016)通过实验验证了消费者参与移动社交网 UGC 的创作能够影响其参与品牌的意愿,并最终作用于消费者的购买决策。研究进一步明确了消费者品牌参与的重要性,验证了参与和真实购买行为之间的关系。

除了 UGC 的数量、效价、表现形式等属性会对品牌传播效果产生影响,信息传播者和接收者的特点也会影响最终信息接收者的态度和行为意愿。从人际关系的角度,很多学者探究了信息传播者与信息接收者的关系紧密程度对 UGC 传播有效性的影响。Knoll(2015)探究了用户原创内容如何通过社交关系影响线上内容传播的有效性,发现用户更容易受与其存在个人关系或集体关系的 UGC 传播者所影响,而不容易受没有任何关系的 UGC 传播者的影响。基于社会资本和线上印象形成等理论,Phua(2015)探索了 Facebook 上品牌主页的总体点赞数量和好友点赞数量在影响消费者的品牌态度、品牌信任、品牌参与度和购买意愿之间的关系。结果揭示了总体点赞数量和好友点赞数量对相关因变量具有显著的交互作用。Shen 等(2016)探究了 Facebook 广告内容的质量、类型对最终广告传播效果的影响及此过程中关系强度的调节作用,发现相比非互动型,互动型的广告内容能获得消费者更多的关注,促使消费者产生更强的信息分享意愿,但如果内容来自较为亲密的好友,无论内容类型如何,消费者都能对其产生稳定、积极的态度。

很多学者已经证明了 UGC 可以影响品牌与用户之间的关系。根据 Kim 和 Ko(2012)的研究,Facebook 上的品牌相关研究可以影响关系资产,即消费者与品牌保持关系的倾向,而品牌参与意愿是建立品牌与消费者关系最重要的部分。品牌参与意愿代表了消费者愿意参与到品牌中来,收集品牌相关信息,谈论品牌,并乐于将自己对品牌的体验评价分享给他人。Goldsmith(2011)认为品牌相关内容可以激发消费者的认知和情感状态,从而促使其产生品牌参与意愿。

购买意愿是指消费者未来购买特定产品或服务的计划。Yu 等(2013)通过测量 Youtube 平台上用户原创视频对消费者购买意愿的影响,发现消费者对用户原创视频的采纳很大程度上取决于视频传播者的来源可信度、信誉与专业知识,这些因素都会影响内容接收者对用户原创视频的信任,从而作用于最终的购买意愿。Kim 和 Johnson(2016)运用 S-O-R 消费者反应模型,检测了正向的品牌相关 UGC 对顾客反应的影响。结果表明,与品牌相关的 UGC 可以作为刺激因素,激发顾客的情感反应和认知反应,并通过这两者进一步影响顾客的行为反应,包括信息转发、购买意图和品牌参与等。

2)(eWOM)网络口碑

网络口碑的形式多种多样,但是从目前研究的角度来看,大体主要有两种,即网络上消费者对某种产品或服务的打分,以及消费者在网络上发布的文字性评价。其特点也可大致地总结为双向性、易测量、规模大和匿名性。有学者做了有关测试在线口碑传播效应的研究(Chevalier et al,2006)。Dellarocas(2005)研究了网上意见论坛的战略性操控在纵向差异化体验的产品市场上如何影响消费者和企业。

Do-Hyung Park(2014)发现在线用户评论的数量和质量对产品的销量和其他顾客的购买意愿有重要的影响。其中在线评论的质量对顾客的购买意愿有正向影响,而且随着用户评论数量的增加顾客购买意愿也将显著增强。除此之外,该研究还验证了顾客参与度在此影响过程中的调节作用,发现当顾客参与度较低时,其更容易被用户评论的数量而不是质量所影响,但对于参与度较高的顾客则更容易被评论的质量所影响。

Cheong 和 Morrison(2008)强调 eWOM 与 UGC 的最大不同在于内容的原创性。UGC 需要由用户来创造各种不同形式的内容,而 eWOM 仅需要用户作为传播者,口碑传播的内容既可以是用户原创的,也可以来自某些专业的机构。例如,用户录制的视频可以看作 UGC,但观看视频并随后分享转发的用户只能认为是参与了 eWOM 的传播。从这个角度来看,UGC 属于 eWOM 的一种形式。

3)在线八卦(Gossip)与吐槽

"八卦"一词在现代流行语中衍生出另一含义,八卦是指非正式的、小道消息或者新闻。尤其指在娱乐圈中,非正式的、不确定的、没有根据的明星消息或者新闻。

在心理学的文献中,八卦被视为人们用来影响其他人的语言策略,包括谣言、口碑或都市传奇。八卦是关于一个共同的朋友或熟人的闲谈,拥有好奇的、诽谤的、新奇的、幽默的和难以预料的元素(Guerin et al,2006)。

吐槽:即对话语、事物等予以犀利的批评,也有不给人家面子、当面揭穿数落的意思。小米的创始人雷军常说:"吐槽也是一种参与"(李伟,2016)。在网络时代,任何一种产品都可能引发吐槽的狂欢。一方面,当事者应该有足够的娱乐精神来面对这一切,另一方面企业应该认真研究一下为什么会被吐槽,以避免下一次被吐槽。

4)用户参与

从小米案例可知用户参与能增加用户的体验效果,调动用户参与企业产品研发、品牌传播等营销创新的积极性,从而提高企业营销创新绩效。

Brown S L(1995)认为,新产品开发是影响企业生存和发展的关键环节,是企业竞争优势的重要来源。越来越多的企业意识到,与顾客互动,让顾客参与到产品的研发,会收到事半功倍的效果。

Joseph M. Bonner(2010)认为,了解客户需求,对新产品开发企业而言特别具有挑战性,他研究了B2B企业与客户的互动(电话、邮件、拜访等),并将客户互动定义为多个维度,如双向沟通、客户参与以及在新产品开发项目中企业与客户联合解决问题。研究结果表明,在开发高度创新的产品时,客户互动与客户信息质量正相关,产品的嵌入性在客户互动对客户信息质量的影响过程中起调节作用。

4. 互动营销

早在1991年Robert & John发布的一篇利用技术结合互动营销提高企业的销售额的文章中就提到了"新的市场营销并不是将消费者当作个人或群体来处理,而是创造人与人的关系。"虽然网络通信技术发展下,能够精确地知道消费者的需求,但在人与人的关系建立上,仍然需要销售人员与消费者进行互动,与他们建立友好的关系才能增加其对品牌的体验与忠诚度。

Dixon和Tanner(2012)认为不断发展的互联网、社交媒体和其他技术支持的工具,以及这些工具所创造的交互模式,正在改变销售人员与潜在客户和客户之间的互动方式,以及如何管理他们的销售团队。

Michael Rodriguez(2014)总结了过去在个人销售和销售管理的背景下互动营销的文章,发现有32篇是关于B2B的互动,有22篇是关于B2C的互动,而

12 篇是研究其他的。在互联网环境下,学者们主要研究了技术和社交媒体方面的互动,而较少关注企业与消费者之间的互动。但是互动在网络环境下对企业和消费者都是双重重要的。

Maria(2017)等人通过对 292 位大学生的调查发现互动性多的社交平台比互动性少的平台更能够使用户增加其社会资本。他以 Facebook 和 LinkedIn 为例,对这两平台进行了研究,研究结果显示前者的互动性较强,提供了一个更有利于开展活动的平台,从而促进了社会资本的发展。因此即使是在网络上,社会资本的增加也包含了一个强大的社交网络、互动的基础,在这个基础上,个人通过与他人的互动对话获得关键信息,并创造机会。

Renato(2018)通过四项在线实验研究了品牌在社交网站上的语调与消费者的反应。当企业与消费者第一次在社交媒体进行互动营销时,企业的销售人员所发出的语调在不同情景下,如品牌的产品或服务主要是享乐主义,并与低情境参与和风险的环境相关联,那么在社交媒体上与客户互动时,使用人的声音会刺激消费者的购买意愿。

5. 创新

1)创新定义和类型

创新定义和类型:彼得·德鲁克(Peter – F. Druker 2009)认为,创新是组织的一项基本功能,是每一位管理者和知识工作者的日常工作和基本责任,创新有别于创意或是发明创造,而要以是否为客户创造出新的价值作为检验标准。他将创新概括分为三类:产品的创新、管理的创新和社会的创新。产品的创新是指企业所提供产品或服务的创新。管理的创新是指制造产品和服务并将它们推向市场所需要的各种技能与活动的创新。社会的创新是指对市场、消费者行为和价值的创新。

在高速变化的互联网时代,创新正在成为每个组织和个人必须具备的能力。基于移动社交网企业与用户的互动创新的内容主要体现在营销及其要素上的创新,如用户创新、产品与服务创新、渠道创新、促销创新、定价创新,进而带来商业模式的创新。

2)用户创新

以 Von Hippel 为主要代表的国外创新专家在用户创新、领先用户和用户创新工具箱等方面进行了深入的研究,他提出了"用户是创新者"的革命性观点,他(1988)根据创新者与创新之间的联系将创新分为:用户创新、制造商创新和供应商创新。许多经验研究表明,一些用户对创新项目有重要贡献,起着发明者或合作开发者的作用，这一现象在许多领域被证实(Lettl 等,2006)。

Von Hippel(1988)把这种创新过程称为"用户支配的"创新,Von Hippel (2005)认为,随着知识经济时代的到来以及先进技术的大量涌现,用户创新将进一步得到发展。

一些研究者也进行了类似的研究,Rosenberg(1982)提出"用中学"的概念,即通常由用户在产品的使用环境下执行问题求解的任务。Gales 等(1995)验证了用户参与创新项目与创新项目的成功率有显著的正相关关系,并且强调用户参与的程度必须和项目的不确定性程度以及环境相匹配。Lüthje(2004)对外科手术设备和户外运动消费品领域的创新活动进行调查后发现,用户在创新中起着发明者的作用。

Von Hippel(1994)提出粘着信息的概念,从粘着信息的视角,结合经济租金的理论,他(1998)合理地解释了用户创新产生的机理,将创新源理论发展到一个更深入的层次。他所提出的粘着信息及其相关理论不仅极好地解释了创新源,而且由此对整个创新过程,对创新中知识管理、组织学习、知识产权保护,对合作创新以及创新网络等都具有极大的解释力。他还将领先用户从普通用户中区分出来,且认为,对领先用户需求和解决方案的数据分析能提高快速变革领域新产品开发的效率。

3)营销及其要素的创新

关于创新国外学者从营销要素角度进行了研究:如新产品开发及其模式,创新对品牌、销售的影响,零售、分销、服务业务创新,创新与口碑。

Sawhney(2005)等指出,网络虚拟环境为企业吸引更多的顾客参与新产品设计和开发工作,推动顾客积极为企业贡献知识和技能,并降低企业顾客信息获取和处理等开发成本,创造了十分便利的条件。Franke 和 Shah(2006)的研究发现,在线参与企业新产品开发的顾客的总体满意度要明显高于其他顾客。Shuling Liao 等(2014)在研究中检测了品牌资产、创新的预告和意见领袖的口碑是否会加剧或减轻失败的负面影响。研究表明高资产品牌受创新失败的不利影响较小。然而,创新失败对于已经预告创新的高资产品牌以及在失败发生后没有得到意见领袖口碑支持的低资产品牌更为不利。

Hong Seob Jung 等(2014)选取在线游戏为研究对象,研究发现产品性能、技术能力和以用户为中心的设计会影响感知产品创新。此外,以用户为中心的设计会影响感知产品创新、玩家对待游戏的态度以及玩游戏的行为意图。

Heiner Evanschitzky 等(2015)在研究中模拟了与试验使用和持续使用特

定自助服务技术、个人购物助理相关的关键因素,并估计了零售商实施这一创新可以得到的收益。研究结果表明影响初始试验的因素和影响持续使用的因素不同。

Ivanka 等(2016)的研究结果表明,服务业务模式创新与产品创新之间的相互作用导致了长期绩效收益以及一定程度的短期绩效牺牲。公司需要目光长远,不局限于短期影响,以获得长期优质绩效。

4)商业模式及其创新路径

(1)商业模式。

商业模式不仅为组织提供了一个有效的方式来理解、思考、传播和管理战略导向的选择(Al-Debei and Avison,2010),而且描述了组织如何创造、传递和获取价值(Osterwalder,2010)。此外,商业模式也为战略者们提供了一个崭新的视角,从快速发展和难以预计的环境中思考他们的选择(McGrath,2010)。Osterwalder 等(2005)将商业模式分成四个基本部分:产品与服务、客户界面、资产管理与财务,包括 9 个要素:价值主张、目标消费群体、分销渠道、客户关系、资源配置、核心竞争力、合作伙伴网络、成本结构和盈利模式。

(2)商业模式创新。

新的信息和通信技术出现产生了创造价值的新方式,从而为商业模型的设计打开了新的思路。一些关于商业模式和企业绩效的实证研究表明新颖性对价值创造和企业绩效都十分关键,强调了以新颖性为中心的商业模式创新的重要性(Zott and Amit,2007)。

也有学者认为新技术是商业模式创新的来源,并称创新商业模式开启了嵌入新技术的价值潜能,使新技术商业化从而创造了市场价值和产出(Calia 等,2007),也即技术创新和商业模式创新在相互作用中共同发展。其他人认为商业模式本身就是创新的主体(Mitchell 等,2003)。

(3)商业模式创新路径。

学者们认为商业模式创新的动力来源于技术推动、需求拉动、企业竞争、综合因素等方面。Kodama(2004)、Faber 等(2003)、Willemstein 等(2007)、Yovanof 等(2008)认为产业技术或企业内部技术是企业商业模式创新的动力之一。2002 年德勤咨询公司对 15 家企业的商业模式进行研究后指出需求是拉动创新的重要因素。IBM(2006)和 Venkatraman 等(2008)则研究指出竞争的压力促使了企业进行商业模式创新。Mahadevan(2004)则发现企业商业模式创新是多种因素共同作用的结果。而学者 Sandra 等人(2018)认为企业能否永续经营是促使企业进行模式创新的主要原因。随着时间的推移，企业的商业模式创新的重点从产品的新颖性，转变为锁定目标客户，一直到内部管理惯例的效率。

商业模式创新路径的现有研究包括创新的方向、创新的视角、要素创新等方面。基于创新方向，Mahadevan(2000)及 Afuah 和 Tucci(2001)讨论了企业从传统商务模式转变至电子商务模式，Venkatraman 等(2008)指出现代企业商业模式创新不仅需要内部调整还需要构建充满活力的外部生态系统。在模式创新视角下，Linder 和 Cantrell(2000)将商业模式创新分为挖掘型、调整型、扩展型、全新型。而 Mahadevan(2004)根据企业所处行业地位，探讨了当前领导者、趋势创造者、新进入者、模仿者、跟随者的创新策略。Elias G 等人(2014)在其研究中发现，企业随着环境的变化并适应政策为客户提供更快捷的、方便的产品或服务能使企业增加更多的收入并占有更大的市场。

2.2　国内研究现状

通过 CNKI 数据库(中国期刊网)与中国科技期刊数据库(维普数据库)及相关中文文献库进行搜索，有一些相关研究的文献，但这些文献步国外研究的后尘，比较零星，研究领域也较分散，对该领域的研究也多为定性分析，较为粗浅。通过对相关文献的梳理，从下述三个方面归纳。

2.2.1　有关移动社交网的研究

由于移动社交网起源于发达国家，国外移动社交网的发展也先于国内，因此有关移动社交网的研究我国学者也是步国外学者的后尘。乔歆新(2010)等人以大学生为对象，基于强弱关系理论以自我中心网络提名法探讨了手机用户的移动社交网络特性。杨玉琼(2011)从"大众网络——精英媒介、受众群体量在受众活跃度、关系拓展 VS 关系维护"等方面分析了中外社交网站用户不同的行为特点，并指出正是这些使用行为的不同才导致国内外社交网站的发展模式不同。

曹博林(2011)从用户自身、网络媒介平台的特点总结出社交网络的五个传播特性：平民性、社交性、对话性、匿名性和涌现性。

王良燕(2017)分析了移动社交网络对个体情感、行为和认知等三个要素的作用，界定了移动社交网络"浸润效应"的概念并构建了"浸润效应"的 A(Affect)B(Behavior)C(Cognition)模型。在此基础上，剖析了 ABC 三要素的交互作用及影响机理,展望了该理论模型在市场营销领域的应用前景。

彭晨明(2016)实证研究了影响微信帖子的传播效果(阅读数与点赞数)的因素。他将帖子特征划分为外层特征和内层特征,结果显示,推送时间、帖子未知和内容信息量同时显著正向影响微信帖子的阅读数和点赞数,标题是否包含促销信息仅对阅读数有显著正影响,封面图片颜色对阅读数有边缘显著的负影响,内容娱乐性与生动性对微信帖子传播效果无显著影响。

2.2.2　有关顾客互动的研究

汪中(2006)指出,企业与用户的互动水平可以平分为四个关键维度:沟通水平、协调水平、伙伴活动水平及用户参与水平。

范钧等(2014)在对国外学者相关研究成果做系统总结和梳理的基础上,探讨顾客在线参与新产品开发的概念界定和主要分类,从参与动机、参与模式和参与结果等方面,分析了顾客在线参与新产品开发的前因后果和途径方式。

曹颖等(2014)通过在软件产品创新过程中的实证研究发现,用户参与对软件产品创新绩效具有显著的正向作用,而李朝辉(2014)以虚拟品牌社区顾客为研究对象,研究发现顾客参与发起的价值共创和自发的价值共创对感官体验、思考体验和行为体验都具有显著正向影响。刘波等(2016)认为,网络环境中用户努力有助于获得更多用户正向评价和增加企业录用可能性。对于创新观点得到其他用户正向评价来说,用户与用户之间的互动更为重要;而对于增加企业录用率来说,用户与企业之间的互动更为重要。

彭晓东等(2016)提出了虚拟社区感对顾客参与价值共创的影响模型。申光龙等(2016)则根据层次体验模型,将虚拟品牌社区中的顾客体验价值划分为功能体验价值、情感体验价值和社会体验价值,并以顾客体验价值为中介变量探究了顾客间互动对顾客参与价值共创的影响。

徐岚(2007)从消费者的角度研究了消费者参与企业创新的行为动机,发现消费者愿意参与创新的原因是在与企业共同创造时所体验到的新鲜感和趣味,特别是他们相信企业有能力提供他们在创造独特产品所需的资源时更加愿意参与,无论产品是否被市场接受。用户参与可望提高用户对品牌的忠诚度。曾晓洋(2010)等人认为,用户积极参与品牌虚拟社区的活动使得企业能够在互联网环境下提高品牌的忠诚度和品牌的影响力,他们通过多元逐步回归分析发现高的社区认同、社区的感知价值以及品牌关系质量会使用户积极参与品牌社区活动。

关于顾客互动的形式,如 UGC、网络口碑等,国内学者也进行了不少研究。潘煜和李林(2014)采取情境实验法,检测了微博中 UGC 的表现形式(文字、图片、音视频)对线上营销效果的影响。研究发现,在消费者信息分享意愿角度,不同的 UGC 表现形式将产生显著的影响差异;而消费者的购买意愿并不能随 UGC 表现形式的逐步丰富而正向增加。

张玥和朱庆华(2011)基于社会影响理论从信息类型和交流情境的角度,探究了信息类型、关系强度和信息的传播方式对口碑交流有效性的影响。结果显示从信息类型的角度,评价型信息比事实型信息对口碑交流有效性有更显著的影响;而从关系强度和传播方式的角度,在一对一的传播中,强关系情境下的口碑影响力更强,而在一对多的传播中,强关系与弱关系传播的口碑影响力几乎没有差别。张艳辉等(2016)通过实证研究得出,在体验型产品中,用户的信用等级、中差评论对在线内容有用性的作用更明显,而在搜索型产品中,图片形式的评论对在线内容有用性的作用更明显。

金立印(2007)通过实验法分析了线上口碑对消费者购买决策的影响,发现口碑的传播方向、内容类型及产品相关度等属性都会对消费者的购买决策产生影响。

2.2.3　创新的研究

1. 创新定义

创新是指以现有的思维模式提出有别于常规或常人思路的见解为导向,利用现有的知识和物质,在特定的环境中,本着理想化需要或为满足社会需求,而改进或创造新的事物、方法、元素、路径、环境,并能获得一定有益效果的行为。

李克强总理(2015)在政府工作报告提出:"大众创业,万众创新",成为中国的国家战略,在全国范围内掀起了创业创新的浪潮,形成了"万众创新""人人创新"的新态势。

2. 创新类型

创新作为一种基本的企业行为,其具体的表现形式是多种多样的,涉及企业活动的所有方面。根据其场合与内容的不同,可分为产品创新、工艺创新、市场营销创新、商业模式创新、管理创新等。基于移动社交网企业与用户的互动创新的内容主要体现在营销要素上的创新,如用户创新、产品创新、渠道创新、促销创新、定价创新,基于上述营销创新,进而带来的商业模式的创新。

3. 营销及其要素创新

国内很多学者从营销及其要素角度对创新进行了研究。

用户创新:陈钰芬等(2007)对以 von Hippel 为主要代表的国外创新专家在用户创新、领先用户和用户创新工具箱等方面的研究进行了梳理和评述。他们认为用户创新是企业创新理论中一个非常重要的研究领域。余菲菲等(2017)基于用户创新理论和消费者行为理论,评估了用户创新和传统创新这两种不同创新方式的创新效应。研究结果表明,与传统创新方式相比,用户创新更能够显著提高消费者的购买意愿,而产品的复杂程度越高反而会削弱用户创新的创新效应。

营销创新:李先江(2009)的研究将创新具体化为营销创新,将企业绩效具体化为营销绩效,构建了市场导向—营销创新—营销绩效连锁关系模型,以中国企业为实证样本进行实证研究,验证了三者之间的连锁关系。卿硕等(2015)界定了线上线下营销主体耦合、互动、创新与营销绩效的概念,提出了四者之间的关系模型,该研究调研了 205 家企业,结果表明:线上线下主体耦合不仅对营销绩效有显著的直接正向影响,而且通过中间变量营销创新对营销绩效有显著的正向影响;线上线下主体互动通过中间变量营销创新对营销绩效有显著的正向影响;线上线下主体耦合与线上线下主体互动正相关。

张若勇等(2010)则基于组织学习的视角,提出了解释顾客与服务创新关系的理论框架,研究表明,合作生产、顾客接触和服务定制与组织向顾客学习之间显著正相关,且受到创新氛围调节影响,组织向顾客学习对服务创新绩效有显著的正向影响。白世贞等(2016)以社会科学引文索引(SSCI)为依据,从狭义和广义两个视角提出服务创新管理研究可以划分为理论框架和实证研究两部分,其中,理论框架研究主要包括服务创新管理的内涵及其研究范畴体系的介绍;实证研究主要集中于服务创新管理模式、服务开发、服务创新体系、服务质量、服务创新绩效、服务创新战略几个方面。

唐承鲲等(2016)以资源基础理论、开放创新理论、用户创新理论视角对顾客参与的前因变量进行研究,提出顾客通过三种资本形式参与,经过顾客知识转移,最终实现服务创新绩效的假设模型。并且选取知识密集型服务企业的代表—互联网企业作为实证调研对象,使用结构方程方法对理论模型进行检验。研究同时证明了在顾客参与创新过程中,领先用户导向和互联网思维导向能够对知识转移过程和服务创新绩效达成起到正向调节作用。

钱坤等(2014)选取小米社区作为研究案例,通过开放性译码、主轴译码和选择性译码这三重译码过程得到用户培养、用户反馈和用户解决三个主范畴,以及培养用户进行创新的核心范畴,并分析了创新保护机制、用户属性和企业支持对用户参与产品创新的影响。

原欣伟等(2017)在系统梳理相关研究文献基础上,深入分析了在线用户创新社区的知识创造过程、促进知识创造过程的关键驱动因素以及一系列情境条件的影响,提出了相应的理论分析框架。研究结果凸显了领先用户、社区互动、外部信息等驱动因素以及一系列情境条件在社区知识创造过程不同环节所发挥的独特作用。

赵杨等(2016)以传统服务创新驱动力模型为基础,构建了基于创新流程的服务创新影响因素模型。实证结果显示,移动社交网络服务创新受到用户、开发者、市场环境、社会环境和技术水平因素的共同影响,且各因素对创新需求阶段、服务设计阶段和创新实现阶段的作用存在显著差异。

石俊国等(2017)构建了颠覆性创新行为与市场绩效关系模型,分别从初创期和成长期考察颠覆性创新企业的渠道创新、顾客教育、产品改进和战略业务单元建立行为影响消费者偏好进而影响企业绩效的作用机理。

4. 商业模式及其创新路径

1)商业模式及其创新

魏炜、朱武祥(2012)认为:"商业模式本质上就是利益相关者的交易结构",且商业模式"为企业的多种利益相关者,包括供应商、顾客、企业合作伙伴、企业内部各部门等提供了一个将各方交场活动连接在一起的纽带"。朱明洋、林子华(2015)通过对国外现有研究的梳理,概述了商业模式价值逻辑研究的发展脉络,揭示了该类研究的阶段性特征,并展望了其未来研究方向。胡世良(2013)从创新与变革的角度分析了移动互联网的商业模式;周洁如(2016)通过理论和不同行业的典型案例分别研究了移动互联网平台企业的商业模式创新理论及其实践,她(2017)还研究了基于移动互联网企业进行商业模式创新的逻辑及其典型类型。

2)商业模式创新路径

与移动社交网络相关的商业模式创新文献中,多数学者倡导以技术创新为主的创新路径,且案例分析较多。王玉荣等人(2016)利用交通工具应用软件为例,总结出移动互联网背景下传统产业在技术、商业模式上的"突破—迭代"循环创新机制。学者刘建刚等人(2016)以交通工具应用软件——滴滴出行作为案例,利用扎根理论对其商业模式创新的路径进行研究,得出了该公司在信息对称、营销策略、产品与服务、企业价值链等方面实现商业模式创新,并在此基础上提出了"互联网＋"环境下商业模式创新路径对策与建议。但是学者陈星海等人(2014)认为在知识经济时代下,领导者的思维方式必须改变,透过 MIUI 案例,提出以设计为主导的组织生态系统,并围绕目标客户构建商业模式内容,运用迭代突破约束,从而构建可持续发展的创新商业模式。

在互联网＋模式中,王伟(2017)以客户价值主张为主导向构建与企业价值创造的商业模式动态调整模型。而 O2O 模式通过改变价值创造载体和价值创造结果而形成该模式的经典创新路径。邓之宏(2017)O2O 价值主张是顾客价值的源泉,便利性、个性化和位置性这三大 O2O 价值主张对客户价值产生不同程度影响。

2.3　文献评述

由于移动社交网发展时间较短,研究基于移动社交网企业启动用户互动进行各种创新的研究相对时间更短,有价值的、体系化的研究不多。

由文献回顾可知,国内外在此领域已经开始出现一些可喜的研究成果,但这些成果大多基于以下各个主题的研究:MSNs、UGC、用户互动、企业与用户互动、口碑、顾客参与创新等,研究比较零星、分散,不成体系,对其应用研究也尚在探索阶段,缺乏基于 MSNs 企业与用户互动进行创新的系统的理论研究和对企业创新实践的概括与总结。从整体上来看,还处于初级阶段,没有形成系统的理论构架,更没有对于基于 MSNs 企业与用户的互动进行创新的作用机理、方法体系和模式的系统化视角研究。因而本研究在如下方面有别于以往的研究:

(1)研究依托的平台、借助的媒介不一。过去的研究依托的平台大多是互联网、社交网或者是移动互联网,本项目将研究背景放在移动社交网平台下,且这样的平台也正与时俱进,如短视频的快速发展,重点研究 MSNs 环境下企业启动用户互动的动力机制、用户互动参与创新的心理机制、创新效应、创新的方法体系以及创新的模式研究。过去的研究借助的媒介多为 PC 终端,本研究借助的媒介是移动智能终端。

(2)研究对象不同。以往研究大多分别以线下企业与顾客互动、顾客与顾客互动、互联网或移动互联网上企业与顾客的互动、顾客和顾客间的互动为研究对象,本项目将基于 MSNs 研究企业与用户互动进行的创新,研究对象不仅是 MSNs 用户间的互动,更是企业与用户间的互动、企业启动用户的互动、用户参与创新的心理、行为与效应,因而拓展了研究对象。

(3)研究内容不一。以往研究大多分别研究社交网、移动互联网、移动社交网的用户的使用动机和行为、影响因素,或者顾客间互动行为、顾客与企业的互动行为,以及移动互联网企业的商业模式。而没有对基于 MSNs 平台企业与用户互动进行创新做系统化的研究,本项目将研究基于 MSNs 企业与用户互动进行创新的机理、方法体系与模式,即研究基于 MSNs 企业与用户互动的动力机制、企业启动用户互动的策略、用户参与企业创新的心理机制与行为、创新效应,并对最新的业界创新实践进行总结,提炼出创新的方法体系,构建其创新模式,为企业基于 MSNs 与用户互动进行创新提供理论指导和决策支持、方法体系与模式选择,因而拓展了研究内容。

(4)研究背景不一。由于 MSNs 平台是近些年才出现的新平台,国内外企业基于此平台启动与用户的互动从而进行创新的管理实践才刚刚开始,对此鲜有系统研究。国内早期的社交网、移动社交网大多模仿国外的社交网、移动社交网建立,借助该平台企业与用户互动进行创新的实践较之国外的时间更短,对该领域的研究则更少。国外开始关注此研究领域,有些涉及如下各个主体的研究,如 MSNs、用户互动、口碑、UGC、营销创新、商业模式创新等的研究,但大多集中在国外的 MSNs 平台和国外的企业。由于中国文化的特性,中国人口的体量、用户在 MSNs 上的互动行为及关系链上好友的互动行为、用户与企业的互动行为无不具有中国文化的特征,企业基于 MSNs 启动用户互动进而使其参与企业的创新活动,其作用机理、方法体系与创新模式无不打上中国烙印。因此本项目基于中国背景的 MSNs 平台、企业与用户互动,其研究结果是来自中国的证据,具有中国特征,因而拓展了研究的背景范围。其研究在揭示事物发展普遍规律的同时又具有中国元素,因而丰富了该领域的研究。

第 3 章

移动社交环境分析

MSNs 环境下，媒介和信息环境皆发生了变化，从而使得各个传播要素也随之发生了根本性变化，这些变化将影响用户使用 MSNs 的态度和行为，继而影响用户互动行为和信息传播规律。移动社交网上黏着的大量用户是企业产品的顾客、品牌的传播载体与媒介，用户间的互动、企业与用户的互动，是企业借此创新的源泉，故分析 MSNs 环境是研究企业借此平台与用户互动进行创新的基础。本研究内容将从如下 4 个方面进行分析。

3.1 移动社交网现状及其发展趋势

社交网自从出现以来，受到了用户的青睐，迅速发展，而智能手机的出现，为社交网的移动化创造了条件，网络用户从 PC 端逐渐转移到移动设备上。随着智能手机的普及，国内外移动社交网发展空前。本节内容将研究移动社交网的现状及未来发展趋势，具体包括：MSNs 发展进程、国内外 MSNs 的发展现状、用户数、国内外著名 MSNs 平台的用户数、活跃程度、用户黏性、MSNs 发展趋势等，这是企业与用户互动的平台，也是企业启动用户互动从而进行创新的基础和条件。

3.1.1 国内外 MSNs 发展现状

1. 国内外 MSNs 发展概况

移动社交网络因信息技术的发展和移动设备的普及，发展到今天，盛况空前。根据 We are social 2019 年 1 月的统计数据，全球总人口为 76.76 亿，较上年同期增长 1.1%；全球互联网活跃用户数为 43.88 亿，互联网用户占总人口比例为 57%；移动活跃用户人数为 39.86 亿，移动互联网用户占总人口比例为 52%。且从 2014—2019 年间，移动互联网用户分别为 24.85 亿、30.08 亿、34.29 亿、37.73 亿、40.21 亿、43.88 亿，其年增长速度分别为 21%、14%、10%、6.6%、9.1%。移动社交媒体用户数量也逐年增加，2014—2019 年移动社交媒体用户数量分别为 18.57 亿、20.78 亿、23.07 亿、27.96 亿、31.96 亿、34.84 亿，自 2015 年起较前一年的用户增长率分别为 12%、11%、21%、14%、9%。

2019 年 1 月 31 日，Global Web Index（GWI）发布《2019 年数字消费趋势报告》，报告分析了社交媒体在人们日常生活中的作用，50% 仍然使用社交媒体与朋友和家人保持联系，51% 观看、阅读有趣内容，48% 阅读帖子和新闻文章，37% 收听社交媒体上的音乐，超过四分之一的人还通过社交媒体购买了产品或服务。毫无疑问，社交媒体已成为消费者的"感官延伸"。

根据 We are social 2019 年 1 月的统计数据，过去一个月访问或使用社交媒体/消息服务的比例为 98%，过去一个月活跃参与或为社交媒体做出贡献的比例为 83%，平均每天花费在社交媒体上的时间为 2 小时 16 分钟。

在全球移动互联网网民增长的情况下，国内受惠于国家大力推进的提速降费政策，成为全球高速宽带用户数量增长最快的国家。以手机为中心的智能设备，成为"万物互联"的基础，加上网络安全相关法规逐步完善，移动用户安全体验提升，早在 2018 年 3 月中国移动网民规模已有 10.95 亿人，同年 5 月有"互联网女皇"之称的玛丽·米克尔（Mary Meeker）发布的报告中也显示中国已经成为全球互联网中心。

2. 国内 MSNs 的发展阶段

清科研究中心对移动社交网发展阶段的划分，很有典型代表性，它将国内社交网络的发展划分为如下四个阶段：早期的 BBS 时代、娱乐化社交网络时代、微信息社交网络时代、垂直社交网络应用时代。由于近年短视频移动社交网的蓬勃发展，也成为 MSNs 发展新的阶段，故本研究将其发展阶段划分为如下 5 个阶段：

1）早期的 BBS 时代

社交网络从 WEB1.0 时代的 BBS 逐渐演变，较于 E-mail，BBS 将社交网络以点对点形式演变成点对面的形式，降低了交流成本。与博客、即时通信等轻型社交工具相比，BBS 淡化了个体意识，将信息多节点化，实现了分散信息的聚合。当时的典型企业有天涯、猫扑和西祠胡同等产品。

2）娱乐化社交网络时代

经过概念化的六度分隔理论时代后，社交网络凭借娱乐化概念取得了长足的发展。中国社交网络产品相继出现，在 2005 年进入了快速的增长期，出现了 QQ 空间、朋友网、豆瓣、微博客等一批针对不同用户群体的社交网站。而国外的社交产品推动了网络的发展。2002 年 LinkedIn 成立，而采用丰富多媒体个性化空间吸引网络用户注意力的 Myspace 也成立了。2004 年，以复制线下真实人际关系至线上的 Facebook 成立。这些社交网络产品或服务一直以社交网络的"低成本替代"原则为导向，降低用户的社交时间和成本，取得了长远的发展。

3）微信息社交网络时代

新浪微博的出现为中国微信息社交网络时代开启了新篇章。根据用户的价值取向和兴趣等多维度地划分用户群体，用户可通过推荐及自行搜索等方式构建自己的朋友圈，这类产品迅速聚合了海量的用户群。从 2010 年开始，移动互联网高速发展，更加便捷地使用场景、更快速有效的互动、更多好玩的可拓展的功能使移动社交快速占据有利的发展优势，大型社交网站纷纷开始布局移动端，原有的 PC 端网站失去优势。微信（WeChat）是移动社交网的典型代表，它是腾讯于 2011 年 1 月 21 日推出的一个为智能终端提供即时通信服务的免费应用程序，自其诞生以来，受到了市场的热烈追捧，用户数剧增，2018 年 2 月全球用户突破 10 亿，且只用了短短 7 年，成为现象级的产品。且微信用户激增的速度，表明微信的发展引领了移动社交网现象级的发展。

根据 iMedia Research（艾媒咨询）数据显示，2018 年 12 月，微信月活用户数 10.2 亿，QQ 月活用户数 6.5 亿，微博月活用户数 3.2 亿，三者仍是市场主流应用。艾媒咨询分析师认为，随着技术发生变革，社交产品结合视频发展将成为行业大趋势。未来能够抓住技术变革契机，在社交＋视频方面有突出表现的社交产品将对移动社交头部产品形成较大冲击。QQ 作为面向广大年轻群体的社交平台，由于其在年轻内容生态的不断创新，QQ 在年轻人社交领域的领先地位依然比较稳固。

4）垂直社交网络应用时代

垂直社交网络是三个网络时代相互交错产生的，主要是与游戏、电子商务、分类信息等相结合，许多创业者开始将焦点聚焦于移动社交，也出现了如陌陌、唱吧、脉脉、探探等伴随移动互联网出现并成长且关注多种细分社交需求的移动应用。

在熟人社交领域，以 QQ、微信为代表的两款即时通信产品，分别朝不同方向发展。2018年,QQ专注于迎合年轻用户的娱乐导向特色功能,通过信息流服务锁定年轻用户的娱乐导向信息需求。微信则通过持续提升小程序的功能,将用户与零售、电商、生活服务、政务民生等线下线上服务进行连接,同时上线"时刻视频""好看"社交推荐,加强好友社交联结。

在陌生人社交领域,陌陌是典型代表。它是于2011年8月推出的一款基于地理位置的开放式移动社交应用,用户通过陌陌可以更加便捷地通过地理位置信息发现附近的人,更加便捷地与人进行即时互动,这降低了社交门槛,加强了更加真实的互动。在陌陌,用户可以通过视频、文字、语音、图片来展示自己,基于地理位置发现附近的人,建立真实、有效、健康的社交关系。陌陌愿景是希望通过该平台,发现身边的美好与新奇,让人们连接原本该连接的人。其社交模式是根据GPS搜寻和定位用户身边的陌生人和群组,高效快捷地建立联系,节省沟通的距离成本。

探探也是陌生人社交平台,它是一个基于大数据智能推荐、全新互动模式的社交App,于2014年6月上线。2016年11月,探探日活跃用户超过500万,总共完成了近60亿次配对,成为中国继微信、QQ、微博之后,90后最大社交平台。探探根据用户的个人资料、位置、兴趣爱好等信息,计算并推送身边与用户匹配的人,帮助用户结识互有好感的新朋友。2018年2月23日,陌陌发布公告称,与探探及其股东达成最终协议,将通过发行股票和现金的方式收购探探100%的股权。陌陌收购探探,协同效应初显。据艾媒咨询数据显示,截至2018年12月,陌陌月活用户数达5 381.8万人,探探达3 793.6万人。

上述无论是熟人社交还是陌生人社交,都在寻求垂直领域的发展。

5)短视频发展阶段

短视频是指以新媒体为传播渠道,时长在5分钟以内的视频内容,是继文字、图片、传统视频之后新兴的又一种内容传播载体。相较于传统视频,短视频行业主要存在三大特点:生产成本低,传播和生产碎片化;传播速度快,社交属性强;生产者与消费者之间界限模糊。

我国短视频发展可以大致分为如下三个阶段:

(1)2013—2015年:以秒拍、小咖秀和美拍为起点,短视频平台逐渐进入公众视野,短视频这一传播形态开始被用户接受;

(2)2015—2017年:以快手为代表的短视频应用获得资本的青睐,各大互联网巨头围绕短视频领域展开争夺,电视、报纸等传统媒体也加入短视频大潮;

(3)2017年至今:短视频垂直细分模式全面开启。从满足用户需求角度出

发,短视频平台可分为三类:满足个人制作短视频需求的工具类、满足发现新鲜
事物需求的资讯类和满足用户社交需求的社区类。

工具类短视频应用有小咖秀、小影等。此类应用目前在国内的发展空间极
其有限,探索海外市场是较好的战略路线。资讯类短视频应用通常依托社交或
资讯平台并为其提供短视频播放功能,如与微博绑定的秒拍、今日头条旗下的西
瓜视频等。依托大流量平台,用户会被动地高频使用到这类内嵌的短视频支持
功能。社区类短视频平台以快手、抖音、美拍等为代表,此类短视频平台社交氛
围浓厚,用户黏性较高。其中,快手作为典型代表之一,目前总注册用户逾 7 亿,
日活用户超过 1 亿,每日生产短视频 UGC 超 1 000 万条。除了定向推送视频信
息流广告外,与游戏公司联合运营以及视频直播也是快手目前主要的变现方式。

3. 国外 MSNs 的发展阶段

国外 MSNs 的发展分为如下四个阶段:

1)社交网络发展初期

国外社交网络开始的比国内要早,最先开始的是 AOL,为用户提供电子邮
件、新闻组、教育和娱乐服务,并支持对因特网访问,对当时的用户来说是个新颖
的聊天社交网站,为后来的社交网站做了铺垫。1997 年,首个现代社交网络网
站 Sixdegrees.com 出现,该网站能让用户创建自己的账户并与其他用户建立好
友关系。

2)社交网络发展中期

2003 年前后,Friendster、MySpace 等社交网站兴起。Friendster 是让用户
创建个人网页的开拓者,它让用户以 LinkedIn 的方式和好友链接,增加了用户
之间的互动性。MySpace 在数码相机和廉价的带摄像镜头的智能手机时代,为
全球用户提供了一个集交友、个人信息分享、即时通信等多种功能于一体的互动
平台。这些社交网站成为日后综合及垂直社交网站的雏形。

3)社交网络快速发展阶段

2005 年,Facebook 和 Twitter 等大型的社交网络出现,用户使用社交网络
进行日常交流,社交网络进入了快速发展阶段。用户在 Facebook 上所分享的
信息都是以私有的方式且只在朋友间分享,而 Twitter 则认为所有的信息都应
该开放并且任何人都可见。

4)逐渐转向移动社交网络

2010 年前后,多屏技术的发展促进移动互联网发展,各类型社交网站大量
产生,各主流社交网站借智能手机的普及,在移动端也能使用,这加大了用户的

使用率,如:Instagram、WhatsApp 等,移动社交网络成为用户生活中不可缺少的部分。

3.1.2 国内外 MSNs 用户概况

国内外 MSNs 用户概况,包括用户数量、活跃用户数量、用户使用习惯、用户黏性(使用时长、频率)等。

1.全球知名移动社交用户数量

国内外著名的移动社交网仍然以 Facebook 为主导,截至 2018 年 7 月的数据,活跃用户数量为 21.96 亿人,其次为著名的视频网站 Youtube,活跃用户达到 18 亿人。而国内的移动社交网以同属腾讯公司的微信和 QQ 为主导。最新数据显示,截至 2018 年底,其用户与活跃用户数分别为 10.4 亿以及 8.05 亿,而这几年迅速发展起来的短视频社交软件——抖音,其用户已达到 5 亿人。表 3-1 显示了 2018 年全球知名移动社交软件活跃用户数量。

表 3-1 全球社交平台按照活跃用户账号数量前二十名排名

平台名称	月度活跃用户数量 (单位:亿)	平台名称	月度活跃用户数量 (单位:亿)
Facebook	22.71	Reddit	3.30
Youtube	19.00	Twitter	3.26
Whatsapp	15.00	Douban	3.20
FB Messenger	13.00	Linked In	3.03
WeChat	10.83	Baidu Tieba	3.00
Instagram	10.00	Skype	3.00
QQ	8.03	Snapchat	2.87
Qzone	5.31	Viber	2.60
Douyin/TikTok	5.00	Pinterest	2.50
Sina Weibo	4.46	Line	1.94

资料来源:We are social 2019 年 1 月统计数据

1)Facebook 用户情况

引领移动社交主流的 Facebook 活跃用户数量年年增加,如表 3-2 所示。Facebook 吸引用户的特点是具有一定的隐私性,能在没有复杂信息干扰的情况下分享用户信息。通过"Discover People"功能推荐给用户其他正在线上的陌生人,帮助用户扩展人际交往。除此之外还有"历史上的今天"功能,记录用户过去的今日所发生的事,犹如翻看过往的日记一般并可选择是否分享到留言墙与朋友一起回忆。Facebook 带给用户的方便性在于用户收集大量信息后能够自由选择优先等级信息查看,在新功能推出时,提醒用户是否尝试。这些功能让用户能自由选择,非强迫性更新功能赢得更多的用户黏性。

表 3 - 2　Facebook 2014—2018 年活跃用户数量

年份	活跃用户(单位:亿)
2014	13.9
2015	15.9
2016	18.6
2017	21.3
2018	22.71

资料来源:Facebook2014—2018Q1 财务报告及 We are social 2019 年 1 月统计数据

Facebook 用户通过移动设备访问 Facebook 的百分比达到 88%。用户群中以男性用户为主,占了 57%,女性占 43%,18 至 34 岁男性用户占了总数的 37%,女性用户该年龄段占总数的 26%,两者合计占 63%。

2)微信用户情况

微信结合聊天与简易分享图片信息,其出现改变了人们对通信的使用,用户可通过语音、视频或者文字与友人聊天,提供了多种信息传达方式。在朋友圈功能中设有屏蔽功能,保证了用户的隐私性。微信的用户数量从 2012 年 3 月的 1 亿国内用户发展到 2019 年 3 月的 11.12 亿全球用户,如表 3 - 3 所示。

表 3 - 3　微信历年用户数量

时间节点	用户数	备注
2011.1.21	推出	
2012.3.29	1 亿	国内用户
2012.9.17	2 亿	国内用户
2013.1.15	3 亿	国内用户
2013.7.25	4 亿	国内用户

(续表)

时间节点	用户数	备注
2013.8.15	1 亿	海外用户数
2013.10.24	6 亿	其中每日活跃用户 1 亿
2014 年第 4 季度	3.55 亿	月活用户数
2015.12	6.97 亿	月活跃用户
2016.9	7.68 亿	日均登录用户
2016.12	8.89 亿	月活跃用户
2017.12	9.02 亿	月活跃用户
2018.2	10.4 亿	全球用户数
2019.3	11.12 亿	全球用户数

资料来源:根据腾讯的官方数据整理

微信用户在一线城市渗透率达到了 93%,但在四、五线城市的渗透率只有 27% 和 28%,仍然有很大的成长空间,如表 3-4 所示。根据腾讯所公开的用户数据可知,微信用户一天中使用微信最活跃的时间是晚上 10 点,通话时长达到 280 000 000 分钟,相等于 540 年。微信的各种功能占据了一位典型用户一天的生活。

表 3-4　微信城市渗透率

城市	渗透率(%)
一线城市	93
二线城市	69
三线城市	43
四线	27
五线城市	28

资料来源:根据 2018 年腾讯公开数据整理

3)QQ 用户情况

QQ 是在微信推出之前腾讯所发展的一个多功能社交化平台。在微信出现前,许多用户都是通过 QQ 进行社交,分享文件信息的。而腾讯推出微信移动社交后,QQ 的用户流量被分散至微信平台。从表 3-5 中可知相比 2017 年的活跃用户数量,2018 年的活跃用户数量回升至 8.05 亿人。根据腾讯公布的 2019 年第一季度数据,QQ 的智能终端月活跃账户数同比略有增长至逾 7 亿,同比增长 0.9%。

表 3 - 5　QQ 2014—2018Q1 活跃用户数量

年份	活跃用户(亿)
2014	8.15
2015	8.53
2016	8.68
2017	7.83
2018Q1	8.05

资料来源:腾讯 2014—2018Q1 财务报告 QQ2014—2018Q1

　　QQ 的用户对 QQ 的使用频率在微信出现后减少了一定的百分比,在腾讯公司做出策略调整后,虽然吸引了不少"95"后和"00"后的用户,但就 QQ 空间的使用频率而言,还是处于不稳定的状态。表 3 - 6 显示在 2016 年使用频率上涨至 67.8% 后,在 2017 年又再次下跌到 64.4%,比 2015 年的使用频率 65.1% 还要低,在 2018 年 6 月的使用频率才上升 0.3%。"95"后用户大部分会在晚上 9 点登入其 QQ 账号,对于 QQ 空间的使用占 35.9%。

表 3 - 6　QQ 空间使用频率

年份	使用频率(%)
2015	65.1
2016	67.8
2017	64.4
201806	64.7

资料来源:CNNIC 第 36 次-第 42 次《中国互联网络发展状况统计报告》

2. 全球移动社交用户分析

　　根据 We are social2019 年 1 月数据统计,过去一个月访问或使用社交媒体/消息服务的比例为 98%,过去一个月活跃参与或为社交媒体做出贡献的比例为 83%,平均每天花费在社交媒体上的时间为 2 小时 16 分钟,平均每位互联网用户拥有的社交媒体账号数量为 8.9 个,出于工作目的使用社交媒体的互联网用户占比为 24%。

1)全球移动社交网用户渗透情况

渗透率是由各国通过移动设备访问前 10 社交网络上的活跃账户比上其人口数量所计算出的比例。据 We are social2018Q1 数据统计,全球移动社交媒体渗透率已经达到了 39%,其中渗透率最高的国家为阿拉伯联合酋长国,其渗透率高达 92%。排在第二的为韩国,有 84%,而中国则有 65%的渗透率。

2)全球移动互联网用户的用户黏性——日均使用时间

根据 We are social 2014—2018Q1 全球互联网、社交媒体、移动设备普及情况报告统计显示,全球移动互联网用户每日使用移动设备访问网站的日均时间最少 1.2 个小时,最长可达 4.56 个小时之久。全球互联网用户通过移动设备访问网站日均时间最长的国家为泰国,其次为巴西,而日均时间最短的国家为法国和日本。

人均移动设备网络使用时间是指互联网用户每天通过移动设备上网的时间占总网络使用时间的比例。表 3-7 为 2014—2019 年全球人均使用移动设备网络使用时间,从表中可知,该时长逐年增加,表明其黏性增加,用户对其依赖性增强。

表 3-7   2014—2019 年全球人均使用移动设备网络使用时间

时间	移动设备网络使用时间 及增长率	人均移动设备网络使用 时间占比及增长率
2014	1H38M	26%
2015	2H02M(24%)	32%(22%)
2016	2H21M(16%)	37%(15%)
2017	2H31M(7.1%)	39%(5.4%)
2018	3H06M(23%)	45%(16%)
2019	3H14M(4.3%)	48%(6.1%)

资料来源:We are social 2019 年 1 月统计数据

3. 中国移动网民分析

1)中国移动互联网用户的特征

根据《2018 中国移动互联网用户行为洞察报告》,中国移动网民以女性居多,占比达到 51.9%,而男性有 48.1%。用户年龄介于 21~40 岁左右,主要以

21～30 岁的用户居多,以本科生为主。在地区分布上以广东省最多占比达到了 12.4%,再来是浙江和江苏地区,其占比分别是 7.6% 和 7.3%,中国的移动互联网用户受经济等方面因素影响,因此以东部地区为主。

2018 年中国移动网民整体规模在过去一年里波动上升至 11.32 亿后,基本维持不变;

2018 年,腾讯系应用的用户使用时长在全网应用中的占比持续下降。截至 2018 年 12 月,腾讯系应用的用户使用时长占比为 45.3%,较 2017 年同期下降 9.8%。与此同时,头条系应用的用户使用时长占比在过去一年上升趋势明显;

社交网络领域趋于饱和,从 2018 一年的社交网络行业渗透率来看,该领域发展平稳,全行业渗透率在 2018 年 12 月达到 87.2%,12 月行业月均 DAU(日均活跃用户)达 7.3 亿;

社交网络霸主微信 12 月渗透率为 85.7%,DAU 均值达 6.27 亿;QQ 12 月渗透率为 68.7%,12 月月均 DAU 达 2.65 亿;新浪微博渗透率为 33%,月均 DAU 降至 1.1 亿;上榜应用中,美篇的渗透率环比增长最多,为 20.4%;

短视频行业渗透率在过去一年里呈现波动增长态势,增速于年末有所放缓。截至 2018 年 12 月,短视频行业渗透率达 62.2%,同比增长 76.7%,行业 DAU 在 12 月达到 3.1 亿。

2)中国移动互联网用户的用户黏性

根据极光大数据 2018 年 Q1 移动互联网行业数据研究报告数据显示,中国移动互联网用户每日平均花费 3.9 小时在 App 的使用上,当中社交类 App 花费 127 分钟,而网络视频占了 29.5 分钟,网络购物则占了 11.6 分钟。

3.1.3　移动社交网及其应用发展趋势

在移动设备普及以及消费者的生活习惯的改变下,移动社交网络及其应用逐渐趋向成熟,特别是在中国,移动社交网络为创新创业者带来了无限的商机。

1. 中国移动社交网发展趋势

根据艾媒"2019 年中国移动社交行业研究报告",中国移动社交网发展有如下趋势:

1)即时通信类

该类应用的发展趋势为:腾讯独大局面维持,产品变革势在必行。腾讯系产品微信和 QQ 短期内仍将维持对竞争者的绝对领先优势,在下个行业改革窗口期到来之前腾讯系产品的领先位置难以受到挑战。但腾讯系产品目前存在大量问题,实行变革势在必行,微信在 2019 年初的大改版已显示出其变革决心。未来微信将发挥流量优势,继续加强全生态平台构建,进一步渗透至用户生活各方面;另一方面,往加强视频方面布局,抢占视频社交市场也是微信变革重要方向。

2)泛娱乐社交类

该类应用的发展趋势为:短视频领跑赛道,需要杀出头部平台。目前泛娱乐社交平台中,以抖音、快手为代表的短视频应用将是该领域的领跑者,在产品、用户、技术和发挥社交连接属性方面均占有优势。艾媒咨询数据显示,短视频典型应用抖音、快手的月活用户快速增加,在 2018 年均达到 2.3 亿人次,且近八成用户年龄低于 30 岁,年轻人群占比高。此外,近四成受访网民愿意采用短视频代替文字交流。年轻群体多,视频交流意愿强,未来社交领域如短视频或为新的燃爆点。

短视频社交应用更多显示的是媒体属性,内容资源方面的实力将很大程度上促进平台发展。未来短视频社交应用要在社交领域进一步发展,需要角逐出头部平台,社交软件属性决定其在资源和用户上需要做到一家独大才能发挥优势。

3)陌生人社交类

该类应用的发展趋势为:用户黏度较难维持,转变发展才是平台发展方向。陌生人社交具有长期性、非持续性、不确定性等特点,产品的用户黏度较难维持。与此同时,由于陌生人社交本身就属于一种较为敏感的情感需求,产品在运营过程中容易触碰监管红线,盈利模式上也存在一定的风险。未来陌生人社交模式更多将作为产品发展的起点,最终实现发展模式转变是必然趋势,如陌陌,从早期的陌生人社交产品转型为发展直播业务成功实现转变,而且拓展泛娱乐化社交场景,开启新玩法。

4)社交社区类

该类应用的发展趋势为:往纯社交转变难度大,短期难寻突破。对于社交社区类产品,往纯社交产品的突破难度较高,未来几年内难以对其他类型社交产品形成强冲击,行业发展暂时仍将维持稳定,但产品具体发展将呈现此起彼伏的状态,在垂直细分内容领域将有更多社区类产品的出现。

2. 中国移动社交行业发展趋势

基于上述移动社交网发展的趋势,中国移动社交行业发展相应有如下趋势:

1)移动社交市场格局暂趋稳定,头部平台积极变革

目前中国移动社交市场格局相对稳定,头部社交平台在市场上优势明显,短

期内难以出现搅动格局的产品。但头部产品存在信息过载、功能冗杂等问题,用户也对新的社交产品有需求,因此未来头部移动社交平台势必会加强产品变革,从功能及社交形式上寻求创新,以面对未来技术变革期可能带来的市场变动。

2)技术变革或成行业变动契机

重大的技术变革如 5G 商用的落地,有望成为中国移动社交行业发生变动的触发点。随着未来技术发生变革,社交产品结合视频发展将成为行业大趋势,社交的内容载体将从文字到语音,再往视频方向发生转变。而能够抓住技术变革契机,在社交＋视频方面有突出表现的社交产品将对移动社交头部产品形成较大冲击。

3)社交应用泛娱乐化,娱乐类应用社交化

随着出生并成长于互联网时代的年轻用户逐渐成为移动网民重要群体,对该部分人群的需求满足成为社交平台获得发展空间的重点,而娱乐是年轻用户的核心需求。泛娱乐化的平台拥有更强的互动性,用户交互方式多样,移动社交平台将更多结合泛娱乐内容,以此带来用户规模的增长,提升用户黏性,同时提供更多流量变现的可能,带动平台商业价值的提升。

在主流的游戏、K 歌、短视频等泛娱乐类应用中,大多逐渐拓展其社交功能,通过评论、分享等用户交互行为形成一定的社交氛围。其中,短视频与文字、图片相比更为直观生动,更契合用户的社交需求。2018 年抖音、快手等短视频领跑者纷纷加快完善其社交功能。

4)商业模式的改变

移动社交平台被广泛地使用,商家可通过精准的大数据挖掘目标客户,也可通过各平台的海量用户进行产品的推广从而使得成本降低,且消费者可透过移动社交平台了解更多关于企业产品的信息,因而该平台对企业而言有很多创新创业的机会,也因此会产生新的商业模式。

5)移动电商平台成为主流

在移动设备技术帮助下,线上购物不再是问题,消费者甚至可进行跨国购物。通过社交平台或电商平台,以及移动支付的功能,消费者不必花费许多时间或成本,在家就能够得到所需物品。

3.2　移动社交网特点、类型及其传播规律

MSNs 平台较之于传统的社交网、互联网以及移动互联网有很大的不同,本

研究将分析它们之间的联系与区别、MSNs 的特点，不同 MSNs 类型用户的特点、互动行为、传播规律。这将为后续的问题研究奠定基础。具体研究两大类 MSNs 的特点及其类型：公共 MSNs 的特点及其类型、企业自建 MSNs 及其特点。

3.2.1 公共 MSNs 的特点及其类型

一方面研究公共 MSNs 特点、类型，另一方面研究典型 MSNs 平台及其特点，如研究微信、微博、QQ 平台，以及这些平台的用户特点、互动行为与信息传播规律等。

公共 MSNs 多属于开放性的社交平台，此类 MSNs 既可在移动端登入，也可以在 PC 端连接，除了延续传统 PC 端的文字和图片社交外还有视频、语言功能。公共 MSNs 平台多数都需要实名制认证方能注册成为用户。通过平台的一些自动推荐功能或搜索能够陌生交友，并在用户通过验证确认交友后才能进行信息交流，在平台上向对方所发布的状态进行"点赞""分享"和"评论"。用户也能根据自身需求对社交圈进行分类、整合，能够针对性地分享信息。最广为人知典型的公共移动社交平台有：微博、微信和 QQ。

1. 微博及其特点

1）微博

微博是博客的一种，即时微型博客，由新浪网页在 2009 年推出。它是一种基于用户关系进行信息分享、传播以及获取的通过关注机制分享简短实时信息的广播式的社交媒体、网络平台，用户可以通过 PC、手机等多种移动终端接入，以文字、图片、视频等多媒体形式，实现信息的即时分享、传播互动。用户既可以使用简短的文字、图片或短视频分享用户所看到的、听见的或想写下的信息，通过 PC 端或移动端分享给朋友，又可在信息下面进行"点赞""评论""转发"和"收藏"，在搜索功能中平台会自动推荐当时最热门的话题和时事，让用户参与讨论。与其他平台不同点是微博不需要相互关注才能分享信息，微博可单方面关注其他微博用户，而且微博还有私信功能，让用户能在非公开的情况下与他人进行交流。

2）微博及其人群的特点

（1）微博的特点。

门槛低：微博的进入门槛低，在文字的限制下用户利用简单的文章或图片分享心情以及平台的操作简单容易上手。

不受地理或设备限制:微博有 PC 端和移动端版本,用户不受设备限制,且通过互联网用户可随时随地分享信息。

快速传播:许多网站或平台的分享功能都与微博相关联,当用户在其他平台发现新奇的事情想进行分享时只要点击分享键就能快速分享到微博。

实时搜索:微博中的实时搜索功能可以让用户快速搜索到其他用户几秒前所发布的消息,跟进时事,具有快速的时效性。同时也是一些知名品牌新闻发布会最好的平台,因为在信息上没有封闭性,任何人都能看见且微博的信息传播速度快。

(2)微博用户人群特点。

不分社会阶层:微博的操作使用容易上手,任何人都能轻易使用,主要用户群为对社会有影响力者和普通老百姓。

用户年龄:微博用户多以"80""90"后年轻用户为主。该阶段年龄者对于潮流事务相当追捧并且拥有中高等学历,其中以年轻男性用户较多。

用户分布:因受区域经济、人口结构等因素的影响,微博用户多集中在经济发达地区以及人口较多的城市。

用户关注取向:在 2017 年新浪微博发布的《微博用户发展报告》中显示,用户在微博上最感兴趣的是娱乐方面的消息,关注的话题以明星用户居多,其次是关于美女帅哥的话题或用户,再来是动漫等泛娱乐消息。

弱社交关系:相较于其他移动社交平台,微博主打弱社交关系下的内容消费和热点关注,具有较强的媒体属性。2018 年,"IG 夺冠""冯绍峰赵丽颖官宣""DG 辱华事件"等热点事件都首先在微博发布、发酵。

此外,微博加大在内容 IP 方面的投入、对垂直领域中小 V 的扶持力度,致力打造优质内容,促进平台内容商业化。

3)微博信息传播路径与方式

微博信息传播路径与方式主要有如下两种。

第一,粉丝传播。具有一定影响力的用户发布信息后关注该博主的粉丝即可收到消息。在粉丝收到消息后进而给予信息评论或转发到粉丝自己的微博账号上与他人分享。另外许多有影响力的用户都拥有自己的"超话社区",该社区聚集了许多粉丝,只要与该用户相关的消息都会被粉丝转发到"超话社区"中,进而更为广泛地传播。

第二,转发。通过多人的转发达到一定的留言及转发量,形成大的讨论群体或话题达成传播效果。用户之间对自己感兴趣的话题进行"点赞"或者在该信息下方进行"评论"及"转发"。微博通过一点对多点的单向信息传播,获得强烈反馈并且信息反馈转变成为一种相互反馈的机制。分享信息者和接受信息者直接相互进行信息的传播及反馈,形成网状结构,让两者之间的界限变小可随时进行自由互动。

2. 微信及其特点

1)微信

微信是腾讯公司在 2011 年推出的为智能终端提供即时通信服务的免费应用程序,通过文字、图片、语音及视频等多种形式带给人们即时通信的便利。同时,也可以使用通过共享流媒体内容的资料和基于位置的社交插件"摇一摇""漂流瓶",使用"朋友圈""公众平台""语音记事本"等服务插件。此外,用户在实名认证后也能使用微信支付功能进行收付款,方便出行。

2)微信特点

多人在线视频群聊:微信与其他移动社交平台的区别在于除了普通的聊天功能外,微信能够支持多人在线视频群聊,最多可 10 人,拉近了用户之间的通信体验。

翻译功能:微信提供了文字信息的翻译功能,将对方的外语信息翻译成用户自身的使用语言,消除用户之间的语言障碍。

语音转换文字:除了文字翻译外,微信提供用户语音消息转换成文字信息的功能,方便用户在无法读取语音消息时也能查看信息。

信息撤回功能:为了让用户能够将失误发出的信息删除或进行更改,微信提供了信息撤回功能,在信息发出后的 2 分钟内用户能通过撤回功能删除所发出的信息。

自建表情包:用户除了以文字、语音沟通外还能使用平台上提供的表情包或者自行创建、收藏的表情包与对方沟通,充分表达自身的情绪。

公众号功能:通过公众号功能用户能够关注各种原创文章、新闻甚至是企业的商品推送。"朋友圈"功能就与其他平台有些相似,但能够设置查看分组,让用户随心所欲地分享图片、文字或短视频。

3)微信用户人群特点

用户年龄层:微信早期用户主要由 18 至 25 岁和 26 至 35 岁的群体组成,后来几乎人群全覆盖。在用户分类上,"90"后的用户关注娱乐消息,"80"后用户关注国家动态,而"60"后的用户较热衷于鸡汤文化和养生。

用户使用情况:微信用户来自各个社会阶层,2018 年微信数据报告显示,60

岁以上的用户中有 60% 用户超过一半的数据流量都用在微信上，而 18～35 岁的用户中有一半的人，在微信上的流量消费占了 30%。

社交方式转变：用户对微信的使用从过去的"熟人社交"转向"泛社交"。除了个体用户外，还有各大小企业都注册了微信账号，除了进行公司内部的沟通外还能推送公众号。

4）微信信息的传播模式

第一，一对一传播模式。微信相比其他移动社交平台更侧重于用户之间一对一的沟通，在用户通过对方的朋友申请验证后才能进行交流及查看对方的各类信息。加上"朋友圈"功能只能对所接受的信息进行"点赞"和"评论"，并不能就此转发分享出去，为用户保持了一定程度的隐私性。微信是个注重双向关系的社交工具，在信息上虽然传播的速度不及其他移动社交平台，但是对于信息的消化率还是较高的。

第二，一对多传播模式。如一个用户发信息给特定的群，或者发信息给朋友圈，都属于此种情况。若是在特定的群为群主的话，则可一对多（群众所有）进行传播或者沟通。

第三，大众传播模式。大众传播模式主要在公众号中体现，企业或政府组织通过建立公众号，将咨讯通过公众号传递给广大受众，而用户将自己所关注的公众号信息分享到"朋友圈"、用户和好友群中，使得信息进一步的扩大传播。

3. QQ 及其特点

1）QQ

QQ 与微信同是腾讯公司开发的产品，早在 1999 年基于 Internet 推出的是一款即时通信网络，主要是针对 PC 端研发，随后在移动设备的发展驱使下，腾讯公司推出了移动端的 QQ 聊天平台。相较其他社交平台，QQ 具有更多的功能，且已成为一种生态工具。QQ 除了支持在线聊天外也能进行视频通话，具有点对点、离线续传文件、网络硬盘、自定义面板、QQ 邮箱等多种功能，并可与多种通信终端相连。

2）QQ 的特点

QQ 相较于微信有如下特点。

会员制：QQ 拥有会员制，用户通过充值 QQ 账户进行购买会员等级，不同等级的用户所享有的待遇不同，如在游戏上享有特权，还能过滤广告，拥有特别的表情包等等。

"上锁"功能："QQ 空间"类似微信"朋友圈"，但陌生人能够随意游览和评论,无须通过用户验证,因此提供了"上锁"功能,能将空间关闭或只给指定的用户查看。

设置在线状态:QQ用户能够设置自身在线的状态,如忙碌、请勿打扰、离开等,让用户根据自身的情况设定,让在线的好友知道自身的状态是否能进行信息交流。

提醒功能:QQ具有提醒功能,能够及时提醒用户其好友的生日将至,并拥有设定好内容的祝福卡片,只要用户点击就能发送到生日的朋友QQ号。

个性页面:在用户的QQ界面上,用户可自行装扮个性页面,相较其他即时通信工具更具有个人特色。

多种应用于一体:QQ不单单只是信息交流的平台,它还具有游戏和音乐的功能,通过用户的账号登入能够与朋友一起进行游戏,还能直接连线沟通。

3)QQ用户特点

用户年龄层:QQ比其他社交平台都设立的早,因此用户多数来自"80""90"后,最新的数据报告显示当前的QQ用户多为"95后"。

用户分类:"95后"群体对于个性追求强烈,而QQ在定位上为追求新颖,在复杂多样的功能和自定义的界面使用下,这对追求潮流的"95后"十分具有吸引力。

用户关注取向:QQ用户较娱乐方面更加关注游戏和动漫方面的信息,当中"95"后用户最关注游戏竞赛的信息,也偏好协作类游戏。

4)QQ用户的信息传播途径

第一,离线传递。QQ提供用户最大的便利是离线传递文件,用户在发送文件给对方时不需对方在线接收,就算是大容量的文件也能发送,且文件保存期限为7天,方便用户有更多的时间接收。

第二,群体传播。用户通过建立QQ群将好友进行分组,或加入兴趣小组与好友或陌生人以多对多的方式进行信息分享,用户一旦建立了QQ群就会成为管理员并拥有禁止成员发言,审批他人进入QQ群的权力,用户在群上可以相互分享信息和资源,实现多点对多点信息传播。

第三,大众传播。用户可通过QQ空间与他人分享信息,在QQ空间上,当有朋友游览了用户的空间或在空间发布状态,QQ将会提示用户进行查看,让用户之间的关系、交流更加密切。此外,许多平台都与QQ有链接,让用户随时能将最新的状态分享到QQ空间或群组中。

3.2.2 企业自建 MSNs 特点

企业自建移动社交网平台,如小米社区、米柚社区。企业自建 MSNs 具有区别于公共 MSNs 的特点,其用户间、企业与用户互动、在此平台信息传播规律都具有不同的特点。

1. 企业自建 MSNs 的特点

随着移动互联网的发展,有许多企业自建移动社交平台,平台上的内容和功能设置都由企业自行编辑、设定,与公共移动社交平台最大的不同点在于有一定的封闭性。此外,还有其他特点,具体如下:

(1)社区内的信息内容都与产品、品牌公司有关。企业建立 MSNs 的目的在于更好地集中推广品牌产品以及用户在平台上热烈的讨论能引起大众对于产品的好奇心,让企业或产品成为热门话题以达到营销目的。

(2)企业自建的社交社区多以"论坛"或"App"的方式建立。"论坛"的功能给予了管理者较多的管理权力,当中的"打卡""会员等级"等方式给予用户激励,因此企业通过"论坛"的方式建立社交平台帮助企业更好地管理虚拟社区内容。此外,以"App"的方式让用户在设备上方便使用且通过 App 的某些功能让企业更快地进行产品维修与用户反馈以加深用户的产品体验。

(3)在企业自建 MSNs 中的用户都有共同的品牌意识。用户在平台上讨论各种关于品牌产品的话题,包括使用产品后反馈、新产品意见以及用户之间的交流、见面活动等,各种方式的交流逐渐形成企业用户的独有文化。且用户在虚拟品牌社区中能产生使命感,认为自身有义务帮助其他用户对产品有更多的了解,以及在平台互动中用户会感觉自身与企业间存在某种关系。用户也能通过企业自建的社交平台讨论、分享、了解更多关于产品的资讯,加深对品牌的归属感以及对于产品制造的"参与感"。

2. 企业自建 MSNs 举例

1)小米社区及其特点

小米社区是小米公司建立与用户沟通的移动社交平台。在小米社区上用户所讨论、进行投诉、交流甚至用户自行组建活动的信息都是关于小米公司的产品信息和活动。除此之外,论坛上还会提供关于公司的新闻、公告信息。当公司推出新的产品后也会在论坛上进行推广,形成网络销售的形式,为"米粉"打造良好的相互交流平台。

小米社区的特色在于论坛版块的推荐,对于公司或产品重大的信息、公告,大家都会聚集在一起,该社区方便用户查找或根据想要查找的区域信息来进行搜索。其次,通过用户信息列表能够查看相关用户的最新动态信息与资料,还有"收藏"帖子的功能,并且在小米社区上有积分制,用户的相关积分、经验、威望、米粒等情况都会详细地罗列出来。另外,论坛中也设有信息设置列表,用户可通过列表查看当前登录的用户相关信息以及检测到最新版本的动态。此外,小米社区也有随手拍的功能,让用户随时随地在平台上与他人分享所见所闻。

小米社区的用户多属于"85后""90后"的年轻人,多为大学生或刚出社会的"职场菜鸟"。这批人对于生活品质有一定的追求,喜欢有个性的事物以及喜欢在平台上分享自己的生活,且大部分都有中高等学历。

小米社区用户犹如在普通的论坛上一样,对自己感兴趣的话题发帖、回复,与其他用户讨论关于小米产品的话题。有些用户还能在线上组织线下活动,让其他小米用户一起参加。用户通过回复他人帖子、置顶帖子等方式交流,通过一对多的方式,企业在论坛上除了是管理者的身份外,还是用户的"网友",在论坛中友好地与用户相互交流,并能从中发现产品存在的问题以及用户的需求。

2) MIUI论坛及其特点

MIUI是小米公司旗下基于Android系统深度优化、定制、开发的第三方手机操作系统,也是小米的第一个产品,其中文名称为米柚。MIUI大版本每年更新一次,2018年5月31日,推出最新版本MIUI10。小版本主要分为稳定版与开发版,稳定版不定期更新,开发版每周五更新。

MIUI论坛(中文:米柚论坛)是一款专注于小米手机系统的移动社交平台,只有使用小米手机MIUI系统的群体才能成为论坛成员,论坛主要针对手机用户的使用反馈信息收集,在其系统修改后会进行升级,在米柚上还提供不同版本的系统供不同需求的使用者下载。在MIUI论坛上会自动推荐关于手机功能更新、帖子反馈的填写步骤,自动读取用户机型资料,并可选择自动抓取并上传。平台的阅读功能提升使得论坛上的信息排版简洁清爽,用户还可对帖子进行分享。

MIUI论坛与小米社区的不同在于MIUI只专注在手机系统方面的讨论、交流,除了关于系统的问题还有提供精品游戏和不同的背景主题供用户下载、测试,并于每周五在平台上发放最新的系统供用户下载更新。用户可通过移动MIUI平台进行打卡以及回复其他用户信息获得经验奖励,用户在平台上获得的积分可在该平台上换购商品。此外通过移动端的MIUI参与特别活动能赢得各种奖品。

　　MIUI 论坛的用户主要是小米手机的购买者,这一群体的用户多数是大学生和年轻白领,年龄介于 20～35 岁,且以男性居多。这些用户对于科学技术有一定的了解及要求。由于小米社区和 MIUI 论坛的用户大部分都重叠,在 2018 年 5 月,小米公司宣布将两个平台的数据进行互通,对于账号的使用以小米社区的为主,等级则相互兑换调整。

　　用户在 MIUI 上随时反馈自己使用小米手机的体验和问题,技术人员和其他用户会给予建议和进行维修,当用户发现新鲜的手机玩法时也能及时在平台上与他人分享交流。平台通过积分奖励等激励用户在平台上进行交流。

3.3　不同类型的移动社交网上企业与用户互动的特点与行为

3.3.1　公共 MSNs 平台企业与用户互动的特点、行为

1. 企业在公共 MSNs 平台上与用户的互动

　　在网络通信时代下,企业的信息容易被其他资讯覆盖,因此在移动社交平台上,企业与用户有良好的互动对企业是至关重要的。企业与用户在公共社交平台上的互动行为有如下几点:

　　(1)有"温度"的信息编辑员。社交平台上最重要的是互动性,企业在平台上的信息编辑员通常积极主动地与用户互动,而不是机械式的进行文案发布,对用户的评论置之不理。

　　(2)内容有趣、原创性。在信息丰富的平台上,有趣、内容丰富的信息更加能引起用户的注意力,不单单只是提供用户文字信息,通过短视频、图片等视觉影像的刺激更加吸引用户参与评论和分享。

　　(3)福利活动。通过一些福利活动吸引用户的注意力,例如代金券、样品或小额红包,让用户以参与的方式获得福利,如分享到自己的社交平台、坚持打卡一星期等。

　　一般而言,企业在平台上与用户互动所发布的信息内容要有趣、编辑人员态度积极及福利吸引,借助公共移动社交平台的快速传播特点,跟进热门时事话题,激发用户前去"评论",与其他用户一起探讨或向企业咨询有关信息的详情,并得到企业即时的回复。有些用户则以"点赞"的方式表达支持等,用户一般都会将企业的消息"转发"到自己的平台与自己的朋友进一步讨论,吸引其他用户在搜索栏目中查找关键词,将信息广泛地传播出去。此外,企业在移动社交平台

上配合节日或事件进行抽奖、签到送红包或分享自身与产品有关联的故事等线上活动方式吸引用户的关注和参与。通过平台对用户科普一些生活中的小知识、生活提醒,让用户感受到企业的贴心,从而加深对企业的印象。

企业会借助微博、微信以及 QQ 等公共 MSNs 平台与用户互动,且其互动行为与特点因平台的特点不同而不同。

2. 企业在微博上与用户互动的特点与行为

微博本身是个一对多的开放性社交平台,是企业与用户建立良好关系的管道之一。微博对此开设了企业微博,为企业提供一个开放性平台及便于企业进行管理的版本。企业微博除了更丰富的界面展示外,还有精准的数据分析以及更高效率的沟通管理后台。此外,微博还提供独有的企业蓝色 V 字认证,使得用户对企业号更加信任。

1)企业微博提供的功能

数据中心:企业能够通过设定关键词,查看用户在特定的时间中发出含有关键词的微博,帮助企业及时发现用户给予企业的投诉或恶意信息,并及时做出处理。另外企业微博还能帮助企业对其发布的信息影响力进行统计,其粉丝的特征、习惯以及微博消息和粉丝流量的统计,让企业更好地利用微博进行营销。

广告中心:借由微博的用户流量,企业微博能够将更契合用户特征的消息和社交关系网络精准地投放给目标群体,即微博的“粉丝通”功能。“粉丝通”也具有“评论”“点赞”和“转发”的功能。通过粉丝对内容的点击率和企业与粉丝之间的有效互动进行计费。

营销中心:企业微博所发布的信息内容需要通过“微任务”审核才能发布消息。企业也能授权“微任务”选择微博账号进行商业有偿信息的微博原发或转发。此外还能通过短信的方式进行营销,引导微博线下自有会员成为线上粉丝。短信营销是向订阅企业消息的用户发送手机短信,再筛选已订阅的粉丝并向其发送有关产品的会员营销、抽奖促销活动等,增加企业与用户的即时互动,以提高企业的知名度和影响力。

管理员设置:对于企业而言需要多个管理者进行网络账号管理,因此微博对于企业微博账号的管理员设置做出了更改,即可设置最多为 6 人的其他微博号进行辅助管理。管理者能够获得代发微博、代表评论及代处理提到企业信息的职能。而设置者具有设置管理员的职能,即使管理员离职后也能够取消其在企业微博账号的管理者身份。

2）企业在微博上与用户互动的特点

利用微博上企业微博的便利和特色功能，不少企业都开设了企业微博，用于与用户进行互动、传播消息及进行线上营销，因而企业在微博上与用户互动的特点有：

"有温度"的官微：企业微博的管理者都会自称"主页君"，除了关于企业的信息分享外，也会实时分享微博最热门话题与用户在线讨论。此外，还会发布一些生活小常识或提醒为广大用户普及知识，使得用户感觉到贴心，而不是犹如机械式的交流。

企业创办者的影响力：通过企业创办者在微博上产生影响力，用户与其进行信息的反馈。收到回复时，用户会感到自身的问题被企业重视而感到满足。

分享有个性化、有趣、有价值的信息：官微在微博上发布的内容，不能使用太学术性的语言，否则无法吸引用户的参与。同时，内容也须有企业的立场或见解，一味地附和，反而会引起用户的反感。通过分享有趣的内容和有价值的信息，更能让用户进行分享和讨论，并且加深对企业的好感度。

企业在微博上与用户互动的行为，多数是通过发布新产品话题或关于公司的某些活动，吸引用户或其他群众的注意并前去评论。用户提供自己的意见或者给该条信息"点赞"，并"转发"到自己的微博上与其他人分享，形成微博上的热门话题，让其他尚未关注企业的微博用户能在搜索栏目提示关键词中发现该话题。

3）企业微博举例

在微博提供的功能以及海量用户的吸引下，许多知名企业都开通了企业微博，如小米手机和华为公司。

（1）小米手机的企业微博。

小米手机开通企业微博至今已有 1 351 万名粉丝，在业界也是成功使用微博营销、宣传的典型。通过微博与公众互动的形式，提高了转发量和评论量。如小米公司在上市当日的一条微博直播信息，其"点赞"量达到了 21 656 次，评论有 5 982 条，转发次数有 16 696 次，另外观看次数达到了 264 万次。此外创始人雷军的微博为小米手机吸引了不少粉丝。雷军在小米手机 7 周年时通过微博晒出了初代小米手机，并向"米粉"发送求祝福的微博。该微博成功引起大家的关注，"点赞"次数达到了 55 708 次，转发次数 4 634 次，而评论有 9 437 条，评论当中有不少粉丝表述了对于小米手机的成长感想，过去几年的手机使用心得及感谢小米团队等等评论。

　　(2)华为的企业微博。

　　华为为了更贴近用户,让更多人了解华为,更要求华为高层集体开通个人微博,让其更大程度地与用户进行互动。如余承东,为华为常务董事、消费者业务总裁,其微博粉丝数量为 668 万,微博上他积极与用户互动,时常发布有关华为产品的信息并且拥有 25 个粉丝群。徐文伟,为华为董事、公司战略营销总裁、IRB 主任,其微博粉丝数量有 13.7 万,在微博上与用户分享生活状态。丁耘,为常务董事、运营商 BG 总裁,微博粉丝数量也有 9.2 万。此外,华为配合手机产品与具有影响力的明星艺人合作,带动了华为在微博的搜索量。例如华为最新的品牌代言人易烊千玺,其代言的华为 NOVA 引起了许多微博用户的关注,据 2018 年 8 月 17 日发布的信息,其转发量在 3 个小时内达到 13 157 次,"点赞"次数有 11 608 次,而且用户给予该条消息的评论都表示了对该产品的期待与支持。此外,华为公司也在微博开辟了一个"花粉俱乐部",供粉丝直接在微博上进行产品反馈以及与其他华为粉丝进行交流或了解更多的产品活动,也能通过俱乐部中的链接进入华为的粉丝论坛。

　　花粉俱乐部是华为旗下的唯一官方粉丝交流互动平台,为花粉第一时间呈现华为和荣耀最新的产品和服务资讯,帮用户答疑解惑,通过组织丰富的线上内容和线下面对面互动交流活动提升和延伸华为产品体验,是华为荣耀聆听用户最真实声音的窗口。除此之外,花粉俱乐部以华为的企业文化、华为荣耀品牌理念、充足的资源支撑,以及花粉俱乐部独有"热爱"文化,帮助花粉们开阔视野、提升个人整体素质,开拓发展空间,以最终实现花粉与华为荣耀的共同成长。

　　随着华为品牌不断深入人心,其粉丝数也随之上涨。如 2019 年 5 月 16 日美国针对华为的"禁令"传出之后,天猫平台上的华为手机销量应声大涨。来自天猫官方的数据显示,5 月 18－20 日,华为手机天猫出货量一跃成为国产手机榜第一,而且成交额增长 130%,超出手机行业平均增幅 30 个百分点。天猫华为官方旗舰店的粉丝数也是一路大涨,目前已经突破 1 000 万,达到了 1 001 万。

　　花粉俱乐部最核心平台为花粉俱乐部(论坛),其他辅助平台包括华为花粉俱乐部(微博)、华为花粉俱乐部(微信)、华为吧(百度贴吧)、线下团体(各地花粉同城和花粉高校俱乐部)。

　　花粉俱乐部由华为公司官方团队负责运营,坚持"花粉是存在的唯一价值"这一准则,以实际行动贯穿华为公司"以用户为中心"的理念,部门总负责被称为"花部长"。运营团队成员均有花名,花名来源于《西游记》。

3. 企业在微信上与用户互动的特点与行为

1)公众号及其类型

微信是现代人进行移动社交中不可或缺的平台,而且能具有针对性地进行宣传及寻找潜在的目标客户,企业多数通过开通公众号与用户进行互动。微信提供给企业的公众号可分为两种——服务号和订阅号。

微信对于服务号的限制较多,旨在为用户提供服务,一般用于搭建支付和交易平台。服务号开通后每个月只能发送 4 条信息,信息将会以对话框的形式出现在用户的聊天列表中。服务号也能申请自定义菜单,方便用户通过服务号与企业联系。

订阅号目前已广为人知,旨在企业向用户发布信息,企业每天可发布一次信息,且具有转发、点赞和收藏的功能,是许多企业选择开通的微信服务之一。订阅号发送的消息会出现在用户的订阅号文件夹中,用户不会收到即时消息提醒。另外,企业可在订阅号中编辑自有菜单并将之在服务号中使用。

2)企业利用公众号与用户互动的特点

对于微信公众号,如上所述,一般企业都会同时申请服务号和订阅号,以这两种形式所提供的不同服务与用户互动。其与用户互动的内容和方式较微博等公共平台有如下的不同:

(1)原创性文章:微信不同于其他平台,没有热门话题提示,而且企业是通过公众号与用户互动,因此在传递信息上都是通过原创性文章进行,文章的内容需要丰富且吸引人,标题必须引人注目。此外用户如果喜欢企业所发布的文章内容,还能在文章下方进行留言交流以及对文章进行"奖赏"。

(2)一对一交流:用户使用公众号与企业沟通,是因为移动社交网络的方便性,企业公众号除了传达消息外,还必须充当客服,通过微信上一对一方式进行详尽的解答,让用户能够清楚产品或公司的运作、解决问题,企业也能得到更多用户的反馈,改进产品的功能。

(3)福利发放:一般而言,订阅企业公众号的用户都是对于企业产品有兴趣或者有需要的用户,因此企业通过公众号发放福利并鼓励用户转发至周边亲友一同分享,以此达到宣传的效果,企业所提供的福利可以是代购券或者产品小样。

(4)有趣、有创意的形式:企业自行设计一些包含推广信息的小游戏在公众号中发布,吸引用户前去点击参与游戏,还可邀请其他用户一起进行。微信的"漂流瓶"功能也是很好的互动方式,"漂流瓶"是随机分配的,因此接触的用户更加广泛,用户只要回复企业所投的"漂流瓶"就能得到积分或者礼品券等奖励。

企业与用户在微信上互动的行为一般都是自动回复功能,当用户在公众号中回复关键词就会收到企业设定好的内容,用户不必等待太久就能查看到信息。另外,在公众号中推送的文章都有编辑人员管理,用户可在文章下方的留言区向编辑人员留言,该人员会一对一地对用户进行回复、交流。除了自动回复,有些企业还会请客服人员在微信上一对一地回答用户的留言,毕竟有些关键词所设定的回答方式无法满足用户,且人工回答的方式对用户而言更加亲切。朋友圈的推广是让更多用户接触企业信息的最好方式,通过大数据的分析,企业可针对性地对目标用户发布企业信息或产品广告,用户只要点击广告就能获得更多的信息,或者通过扫描二维码就能了解更多详细信息。

4. 企业在 QQ 上与用户互动的特点与行为

QQ 功能很多,作为最早的国内社交平台之一,为企业推出了营销版 QQ,它是专为企业用户量身定制的在线客服与营销平台,帮助企业与用户进行即时的售后服务和产品营销沟通,搭建用户与企业客服系统之间的沟通桥梁。企业通过 QQ 平台海量的用户挖掘潜在的市场,同时提升客户的售后体验。

1)营销版 QQ 的特点

(1)高容纳的客户量:普通版本的 QQ 在好友数量上有一定的限制,而营销版 QQ 提供企业不同的套餐以选择用户好友容量的大小,且随着使用年限的增加,好友容量也将会增加,最多可容纳 25 万人。同时在线与用户聊天也不会出现卡机的问题,并能处理用户的问题、推广公司产品。

(2)统一企业形象:根据企业的需要能够进行 400 或 800 热线号的定制,倘若企业已拥有 400 或 800 热线号码,可使用相同号码作为营销 QQ 号码。如此一来比企业营销员的个人号更能够让客户相信,因而能保持企业的良好形象和信誉。

(3)同号多工协作:同一个营销号能够多人同时进行在线客户服务,其与用户的相关对话还能自动转接到其他客服,用户不必再次添加 QQ 号。此外,营销号的管理员能够随时进行监督,保证服务的质量。

(4)一键群发广告:营销版 QQ 支持多维度挖掘目标客户,并且进行精准目标用户定位,实现即时互动营销。企业也能通过营销 QQ 的用户推荐,将产品广告推广给有需要的客户,避免过度营销引起的用户反感。

2)QQ 上企业与用户互动的特点

营销版 QQ 带给企业众多优点,且作为国内著名的社交平台下众多企业都

会设营销 QQ,并通过其与用户进行线上互动和维持良好客户关系。企业在 QQ 上与用户互动有如下特点:

(1)针对性的发布消息:通过兴趣部落和空间发布有趣的信息内容,针对性的内容在兴趣部落中能够吸引目标用户对有关信息进行参与。企业以针对性的方式向用户推荐其有可能感兴趣的广告,减少了用户的反感。

(2)红包福利:企业利用"签到红包"鼓励用户在移动 QQ 上坚持天天打卡,参与话题互动。

(3)即时回复信息:用户在企业开设的 QQ 号上反馈或询问相关信息时,能够即时得到企业的回复,能够清楚地询问信息,不必等待,且得到的将不是自动回复的答案。

通过营销版 QQ 进行群组建立、寻找潜在用户以及能即时与用户互动,以一对一的方式让企业与用户进行更多的信息交流,企业更能了解用户的需求。此外,企业通过网志的定时更新,让用户能了解更多产品的信息,并且能即时与企业联系。

3.3.2 自建 MSNs 平台上企业与用户互动的特点与行为

企业自建 MSNs 平台的最大目的就是为了与产品的用户进行更密切的信息交流和更好地推广企业的产品和文化。

1. 企业在自建的 MSNs 平台上与用户互动的特点与行为

企业在自建的 MSNs 平台上与用户互动的特点如下:

(1)积极给予用户反馈:用户加入企业自建的平台为的是更好、更快地反应自身在使用产品时所遇见的问题,因此平台的管理员都会即时且积极地给予用户有关问题的反馈,同时也能引发其他用户一起讨论。

(2)聆听用户建议:除了解决用户的问题外,企业也能在互动过程中聆听用户的需求,用户也会根据使用产品后的感受向企业提出建议,企业可根据建议对新产品进行改良。用户会感受到企业对于用户的尊重,加深对企业的好感度。

(3)定期举行线下活动:企业在平台上与用户有良好关系还不足以维持用户对企业的忠诚度,通过线下的直接接触、互动,增加了用户对公司产品、文化的了解,提升对企业的好感度。

2. 以小米社区为例

小米创始人雷军一直强调与用户互动的重要性并开设了小米社区等小米自有的交流平台,小米社区中的管理员与"粉丝"在论坛上的关系像好友一样互相

分享信息,解决产品问题。小米社区平台管理员与用户互动的行为特点如下:

(1)按时发布论坛公告:用户在论坛中各板块发布的信息交流帖子都会得到管理员的回复,管理员将重叠的信息整理统一发布在公告上,方便其他用户在遇到同样情况时能自行解决,也让用户感受到企业一直在关注用户的需求。

(2)开设应节主题抽奖活动:社区中的管理员会应各种节日或周年庆等进行随机抽奖活动,参加活动的用户需按照要求进行,如:在留言区写下对公司产品的使用感想、附加与产品合影的照片等等,由管理员随机选取参与留言的用户。

(3)技术分享:在小米社区中各技术开发人员都会为用户分享实用的技术技巧,如 DIY 界面、技术解答等等,吸引用户进行留言、观看,加深用户对社区管理员的好感度。

(4)听取用户建议:小米社区使得小米用户对品牌产生了归属感,通过用户在社区中的使用反馈和产品建议,技术人员根据需求改善产品的功能及按照用户给予的意见生产下一代产品,让用户感觉被公司尊重,提高其忠诚度。

3.4 移动社交环境下传播要素构成及其变化特征

由于人们使用 MSNs 的需求日益变化,MSNs 的功能不断迭代更新,因而MSNs 的环境与时俱进,这样使得信息传播要素也发生日新月异的变化。这些变化影响传播的过程和效果。具体有如下 4 个内容。

3.4.1 MSNs 信息环境的构成要素及其变化

信息环境,是在一个社会中由个人或群体接触可能的信息及其传播活动的总体构成的环境。构成信息环境的主要要素有文字、图片、声音及影像等信息符号。信息所包含的不只是消息、知识点,还有价值观、情感等。由于现代人们生活质量的改变、技术的提升,对于信息的接触主要依靠移动社交平台,移动社交网络下信息环境的构成要素有信息人、信息技术、信息资源等。

(1)信息人:由美国图书馆协会(ALA)下属的"信息素养总统委员会"在1989 年所提出,即一个人必须能够识别何时需要使用的信息并且能够有效地定位,评估和使用所需的信息。信息人需知道如何从信息中学习,知道应该如何组织知识,如何查找信息,以及如何从他人的信息中学习到自身需要的信息。信息人需要组织自身的言语表达能力和知识通过移动设备传达出自身的信息。同时在移动社交平台上能在与他人进行社交时明白他人所传递的信息且能将自身的信息传达出去。

（2）信息技术：过去用户只能在 OSNs（Online Social Networks）上进行互动社交，随着信息技术水平的发展，移动设备成了连接移动社交网络的主要媒介，使得 MSNs 逐渐替代了 OSNs，而这些设备具有移动性和便携性。设备的移动性使得用户能利用碎片时间进行社交，不受地点、时间的影响。此外，与 OSNs 不同的是移动网络中用户的个人数据，包括资料、消息、帖子和好友列表不一定是集中储存，这使得移动设备的存储空间有更灵活的使用方式。在用户的偏好和移动设备的多样性下，移动设备的结构是有差异的，其计算能力、存储空间设置和操作系统都有所不同，因此移动社交网络在设计时也需要考虑移动设备的差异而改进。在无线网络发展的情况下，过去所使用的光纤路由器走向无线 5G 网络时代，加大了人们对于移动社交的依赖性。

在软件上，网络技术的发展带动了移动社交平台的发展，过去的社交平台局限在网页的应用上，以及只能通过简单的文字与他人进行交流。在信息编程技术的提升下，实现更好的人机交互界面以提高用户对移动社交平台应用的满意度，在平台隐私上让用户资料能够得到更好的维护。另外在程序编辑的改进下，用户不但能分享文字或符号信息，还能通过图片、音频或者视频来传递信息。

（3）信息资源：MSNs 的信息资源最主要的是信息内容的丰富性。在众多的信息传达中无论是平台系统还是用户都需要对资源进行整合、分析、处理、检索、压缩和存储。而移动社交网络上的资源比过往的 OSNs 来得更多、更丰富，也更复杂。过去的社交信息只是简单的文字和简单的表情符号，且检索的需求相比现在要简单得多。而现在移动社交网络上的信息资源不只是文字，还包含了音频、视频、图片，用户对于信息内容希望能够进行压缩，并且在大数据的精准计算下提取出更准确的"关键词"，同时还能自动、快速地提供相关的信息，使得用户能够即时地了解到最新的信息。

在精准化信息推荐下，企业利用信息资源的整合提高用户在移动社交平台的参与度，根据用户最常输入的词语推荐相关的信息产品，有针对性地推广可避免资源的浪费和造成用户的反感，因此信息资源在不同的用户身上具有不同的价值。另外信息资源中的共享性提高使得用户共享信息的意愿增加，增加了用户之间的互动性，如对话题的评论、转发分享至其他的移动社交平台甚至是收藏相关的帖子。

移动社交网络的发展使得信息的延时性减少，过去人们因地理位置、时差的关系影响了信息资源的收集，用户无法实时跟进信息状况。而现今移动社交平台的技术革新大大增加了信息的实时性。

3.4.2　传播主体及其传播能力

该部分从如下方面讨论:传播主体的特点、自媒体的特征、传播者与接受者之间的关系以及传播主体的传播能力。

1. 传播主体的特点

传播主体即传播者,既是信息的生产者也是信息的接受者。传播主体有如下特点:

(1)可信性:传播者对于信息内容的真实性必须是有来源的且是确定的,在网络发达时代,人们对于信息的来源持有怀疑的态度,且在相关法律上也越来越规范、严谨。传播主体对于消息的客观性、是否具有公平性、个人是否诚实对于消息的传播都有影响。

(2)代表性:传播主体本身对于消息是否具有代表性,或者高度的相关性应当关注。对于同一事件,一个在事件上具有相当高的相关性者与一位相关度不高的传播者相比,人们对于前者所发布的消息更加关心。

(3)多样性:当今的传播主体来自不同行业,相对于传统的传播者,其知识覆盖面更加广泛。在传播主体所熟悉的相关事件上其能给出更好的看法和相关知识的普及,比起传统的媒体人员更有可信力。

(4)品牌化:传播主体还趋向于品牌化,即传播主体在传播媒介上的影响力以及个人的名誉、形象的影响。在移动社交发达的情况下,传播主体作为自媒体的现象越来越多,而网络信息传达快速以及网络相关的法律安全,用户不再像过去盲目地跟从信息,且对于传播主体的个人素质也相当讲究,传播主体一旦传播假消息或者个人人品出现问题,那么其所开设的信息平台也会受到影响。

2. 自媒体的特点

自媒体是指私有化、平民化,向广大的或者特定的人群进行有规范性或非规范性信息传递的新媒体的总称,普遍化和自主化的传播者也称为"公民媒体"或"个人媒体"。传播主体借助移动社交平台成为自媒体的现象日益广泛,自媒体的特点有如下三点:

(1)平民化:任何一个用户只要在移动社交平台上拥有一个账号就能将自己的想法、情感等通过平台发布,即每个人都能成为媒体人。

(2)低门槛易操作:现今的移动社交平台操作简单,用户只需几分钟时间就能了解平台的操作使用,也无需大量的人力和财力进行运作。在移动社交网络上传播主体利用平台所提供的功能板块进行信息的分享,如其他国家的风景图片、旅游攻略等,用户在家中即可收到其他地方的资讯或信息。

(3)交互性强,传播速度快:移动社交带给大家随时随地分享信息的便利,传播者能够实时跟进最新时事信息,在信息快速传播下信息接受者也能了解最新时事进展。

传播主体想成为自媒体,除了要拥有自媒体的特征外,还需要对网络信息的搜索功能充分利用,将社交网络上所搜索到的信息进行分析、处理、编辑和创新,然后分享到各自的社交平台上,且传播主体在社交网络上有自己建立的社会群体网络,通过该群体网络更加广泛地将消息传播出去。传播主体也需拥有个人的感染力,在传播信息的过程中传播主体需与信息接收者进行更多的信息交流,让信息接收者认为该信息对自身有一定的价值,引起重视并将之进行二次传播。

3. 传播者与接受者之间的关系

传播者是将信息传播、传达至他人的主动传达者。而消息接受者是接收信息来源的一方,可选择性接收所需要的信息,这两者之间需要良好的沟通,否则会扭曲信息的本质。过去大部分的传播者都是媒体从业者,经过信息的搜集、确定信息的来源和可靠性后以传统的媒介传播给信息接受者。但在移动社交环境下,如今信息的接受者同时也是信息的传播者,用户不再只是被动的一方。用户在社交平台或其他媒介上获取消息后,自主地通过移动社交转发的机制传播到所在的平台上或传播至其他的用户,从信息的接受者在分享消息时成为信息的传播者。这两者之间的关系与传统的传播者和接受者相比,多了一层互动的关系。过去人们只是单一的接受消息,现在人们通过移动社交平台进行即时参与信息的互动交流,并且能够自选自发消息,使得传播者与接收者的身份自由转换。

4. 传播主体的传播能力变化

在移动社交时代下,传播主体的传播能力也不断地在改变,具体有如下变化:

(1)解释能力:传播主体不再单一的以文字作为解释信息内容的媒介,因网络技术带来的便利,传播主体能够以图片、短视频甚至是音频等的方式解释信息内容,方便用户更好地了解。

(2)目标能力:传播主体若清楚自己需要将消息传播给哪些受众群体,在移动社交网络上,传播主体就能以"一点对多点"或者"点对点"的方式进行传播,这使得传播主体可以更好地对目标受众进行信息的传递以及与他们之间交流信息。

(3)角色能力:即传播主体在信息中所处的位置,并利用自身在社会上或社交群体中的影响力取得他人的信任、认同进而支持其所传播的信息。社交网络假冒账号的问题一直存在,因此各移动社交平台都采取实名制认证或者以官方认证的方式保证用户信用。

(4)信息能力:传播主体在传播信息中所选择的语言或其他非语言的方式且是能够令他人明白信息内容的方式,以及传播者能通过在广泛的网络信息中捕捉能够引起他人注意及同感的信息,达到良好的传播效果。

3.4.3 传播媒介特征

传播媒介特征,包括其时空特性、多种传统媒介呈现以手机等移动终端为核心的融合特点,传播主体与媒介的关系。

1. 移动社交网络传播媒介的特征

移动社交网络传播媒介有如下特征:

(1)数字化:无论是平台的界面还是信息的内容都是由数字编码而形成的,实现真正的数字化传播媒介。

(2)移动性:在各种网络设备的技术提升下,信息的传播速度和交互性加速,以及传播主体利用移动社交平台建立自有的人脉网络在不受时间、地理、区域限制下,实现真正随时随地传递消息。

(3)中介性:作为传播者与信息接收者之间的沟通桥梁,移动社交网络缩短时空距离,在一定程度上拉近用户之间的交流,传播者也从移动社交网络上收集、过滤、分享对自身有价值的信息并且通过平台与其他用户分享。

(4)还原性:移动社交平台只是作为一个信息传播的中介,信息接收者无法随意直接变更信息内容的数字编码,因此在信息传播过程中保证信息符号的原形而不是对信息符号进行扭曲、改变和嫁接。

(5)扩张性:通过媒介的传播,用户接收不同层面的信息再结合个人的见解并与他人分享、交流,扩大他人对信息的了解。

移动环境使得传播媒介的时空特性发生了改变,以往人们因空间问题产生了距离感,面对面才能消除距离感,其他的传播方式并不能解决此问题。但在移动社交网络技术环境下,用户通过视频影像展示出对方所在的场景,在满足用户视觉、听觉和心理上情感的同时不必再漫长地等待信息的传递,实现跨区域面对面、快速传播信息的特点,解决了心理上距离差距的问题。同时,移动环境克服了时间留存的问题,用户不必担心所传递的信息因时效而消失。在移动社交环境下,传播媒介帮助用户留住了当下的记忆,并且能够随时地读取以及存储大量的信息。

2.融媒体及其特征

在网络时代,新旧传播媒介融为一体,以移动端作为传播媒介成为主流,产生了"融媒介"的情况。融媒介的特点在于:

(1)信息上下融通的传递:在融媒介下,媒体能够精准地对公众进行信息的传递和收集,了解社会大众的意见进行整合并反馈。而群众不再被动地接收信息,在移动社交网络环境下,群众通过平台发声,表达自身对信息的看法并且能够快速将信息传播,引起主要媒体关注,有利于大众反映民意。

(2)碎片化传播信息:在信息来源广泛的情景下,信息受众更愿意游览精简的信息,碎片化传播让信息受众能够快速捕捉筛选信息的内容,通过大众的评论、交流等信息对事件的完整性进行补充,形成一个大众对事件认知的过程。

(3)以用户为主:在移动设备环境下,人们依赖其所带来的移动性、即时性、互动性等特征,传统媒介融合为新媒介能够更好地针对用户提供信息,用户可自由选择所需的信息游览,信息留存时间也不再受限制。此外在各媒介的融合下用户能够进行跨媒介的交流、分享,方便用户对媒介的使用。

3.传播主体与传播媒介的关系

传播媒介与传播主体之间是相互依赖的关系,媒介是传播主体表达自己、接触外界信息、记录信息的平台,也是传播主体与信息接收者沟通的中介。通过媒介,传播主体能够向各方群体、用户收集各碎片化的信息,对信息不断地补充进而形成完整信息。传播主体将信息收集、编辑、整合再进行传播,而传播主体的信息是媒介内容的来源,因而两者之间是相互依存的关系。

3.4.4　传播内容的变化、特点等

1.传播内容的变化

1)传播内容更加接地气

与以往的传播内容相比,社交平台上的信息更具有了"参与性",用户通过"接收"—"传播"—"反馈",通过移动社交平台提供的功能对于信息进行追踪、参与讨论,更深刻地了解信息的始末。现在社会大众更加关心具有"社会化"的信息内容,在信息快速传播下,传播内容越来越贴近人民的生活,用户通过社交平台发声,引起大众关注时事,获得更多社会福祉。

2)传播内容的呈现形式多样化

文字在信息传播中一直扮演着重要角色,但是无法完全甚至完整表达人们的情感和实际情景。过去的传播内容多为简单的文字信息,而现在除了文字和简单的表情符号外还能够传播图片、语音及影像的信息内容。在移动社交平台上所传的信息内容多数都具有故事性,如有吸引目光的精简标题,由故事框架作为主题引入,最后切入需要宣传的正题。此外,有些自媒体还会在信息内容中配上背景音乐或者附上内容音频,方便用户以听取的方式了解信息内容,增加信息的生动、趣味性,提高阅读率。

3)视频信息趋向于简短

现如今传播的方式逐渐转向了短视频的方式,通过生动有趣的内容更加吸引用户利用碎片的时间对传播内容进行观看和讨论、分享。

如抖音短视频社交平台就是一例。抖音是近几年受到广大用户喜爱的以短视频为主的社交软件。用户通过软件选择喜欢的歌曲并拍摄 15 秒的音乐短视频。抖音的特点在于:

视频编辑:简单易懂的视频编辑功能让用户轻松使用,以及不同的拍摄效果,如拍摄快慢速度的效果,滤镜、特效等让用户快速编辑自己的作品。

最新潮流的音乐:抖音主打的是潮流,因此少不了年轻人喜欢的潮流音乐,通过与各大音乐公司合作以及自行培养音乐人,为抖音用户提供最新颖的音乐。

与抖音类似的以短视频为主的移动社交软件越来越多,用户都以年轻人为主,不少商家也借由平台宣传产品,如 ADIDAS 的 NEO 系列。许多企业以其产品为主题拍摄短视频,在短视频平台上传播,达到了良好的宣传作用。

2. 传播内容的特点

由于移动社交平台对用户的影响,信息传播内容因传统媒介的不同而不同,其特点在于:

1)个性与娱乐一体化

信息内容不再是千篇一律的风格,现在的用户对于传播内容更强调的是个性化、娱乐性的内容。传播主体以各自的表达风格借助不同表达方式,如文章、短视频等以故事性、夸张、恶搞调侃或角色扮演等方式进行信息传播。这样的信息内容满足人们娱乐需求的同时反映出人们对于信息的看法和评论。

2)共享、互动性

现在信息内容可以跨平台传播,且用户不必在指定的平台上接收,因而信息内容具有共享性。用户接收信息后可对其内容进行评论、分享等,基于相关内容、标签的用户也会形成一个群体,对相关的信息进行讨论分享。

3)广泛性

传播内容不只是新闻时事,还有社会问题、娱乐八卦,用户也会在移动社交平台上分享自己的爱好心得如食谱、生活小技巧等等。传播的内容不再单调,用户也能以自己独有的见解与他人分享。

4)不可控性

因信息科技的发展,移动社交平台的信息来源广泛,没有完全对于不明信息进行拦截的机制,使得用户对于一些不明来源的信息无法分辨真假,进而产生不良效果。

第 4 章

理论基础及其概念模型

从第 1 章得知,本书针对不同的研究内容和研究问题,有不同的理论依据,并构建了不同的概念模型。

4.1 研究问题 1 的理论基础及其概念模型

此部分内容研究企业启动用户互动,从而激发用户参与企业品牌传播创新的企业策略、用户心理行为及其效应。对于任何企业而言,基于 MSNs,启动用户互动是激发用户参与企业创新活动的基础。如何启动用户互动? 怎样的互动活动能吸引用户参与,并使用户有良好的互动体验? 获得良好体验后用户对企业及其品牌有何态度或者行为? 解决以上问题的理论依据何在?

4.1.1 研究问题 1 的理论基础

该研究内容有如下理论可支持:

1. 动机理论

关于企业启动用户参与企业互动活动的机制,动机理论可对其进行解释:

动机理论是指关于动机的产生机制、动机与需要、行为和目标关系的理论。动机是心理学中的一个概念,指以一定方式引起并维持人的行为的内部唤醒状态,主要表现为追求某种目标的主观愿望或意向,是人们为追求某种预期目的的自觉意识。动机是由需要产生的,当需要达到一定的强度,并且存在着满足需要的对象时,需要才能够转化为动机。

动机理论认为,人们行为的动机被归类为内在和外在两种。内在动机被定义为"一个除了执行活动本身外没有其他明显强化的活动",而外在动机指的是

"有助于实现不同于活动本身的其他有价值成果的活动"。内在机制有寻求内在价值的创新能力,进行探索和学习的内在倾向,而外在动机有获得奖励或避免惩罚的倾向(Chantal 等,1995)。

根据动机理论,用户参与企业的互动活动,也有这两方面的动机。内在动机即从事活动是因为活动本身,也即因为兴趣从事活动,从活动中获得快乐、满足。外部动机即人们从事的活动可能是因为环境所致,如通过给予表扬、奖品、奖金、荣誉等,这些因素依然可能影响那些内在动机不够的人参与到互动活动中。外在动机往往与内在动机相对立而存在,任何一个人的行为都不仅仅是内在动机或者外在动机单纯起作用,而且是通过二者之间相互作用。在某些问题和时刻,外在激励表现的作用效果更加强烈,而在另外一些情形下内在自主的动机更占优势。

M.B. Joseph(2010)的研究认为内在和外在动机是影响用户在移动社交网心流体验的重要前提。

2. 诱因理论

诱因是指能够引起有机体定向行为,并能满足某种需要的外部条件。

20 世纪 50 年代以后,许多心理学家认为不能用驱力降低的动机理论来解释所有的行为,外部刺激(诱因)在唤起行为时也起到重要的作用,应该用刺激和有机体的特定的生理状态之间的相互作用来说明动机。例如,吃饱了的动物在看到另一个动物在吃食,将会重新吃食物,这时的动机是由刺激引起的。人类经常追求刺激,而不是力图消除紧张使机体恢复平衡。诱因理论强调了外部刺激引起动机的重要作用,认为诱因能够唤起行为并指导行为。

根据此理论,我们认为以下诱因可以驱动用户互动:互动活动的娱乐性、生动性、奖励性与易参与性。

3. 心流体验理论

1)心流的概念

该概念最初源自心理学家米哈里·齐克森米哈里(Mihaly Csikszentmihalyi),他首次从心理学角度提出了这个概念(1975):忘我、忘记时间、忘记其他所有不相关的东西,完全沉浸在某项事务或情境中。就像是自己极端地专注于做某件喜欢做的事,完全没有因为迷惑、重复、繁杂的任务而引起烦躁或无聊。他于 20 世纪 60 年代通过观察艺术家、棋手、攀岩者及作曲家等,发现当这些人在从事他们的工作时几乎是全神贯注地投入工作,经常忘记时间以及对周围环境的感知,而且他们的投入都是出于共同的乐趣,这些乐趣是来自活动的过程,而外在的报酬是极小或不存在的。这种由全神贯注所产生的心流体验,他认为是一种最佳的体验。因此他将心流(flow)定义为一种将个人精力完全投注在某种活动上的感觉,心流产生时同时会有高度的兴奋及充实感。

2)心流体验的特征

齐克森米哈里概括了心流体验的九个特征:清晰的目标、即时的反应、技能与挑战相匹配、行动与知觉的融合、专注于所做的事、潜在的控制感、失去自我意识、时间感的变化以及自身有目的的体验。

以上特征不必同时全部存在才能使心流产生。但齐克森米哈里也提出一些方式,这些方式使得一群人可以在一起工作,且使得每个个体都能达到心流的状态。这种工作群体的特征包括:创意的空间排列、游戏场的设计、平行而有组织的聚焦、目标群组聚焦、现存某项工作的改善(原型化)、以视觉化增进效能、参与者的差别是随机的等。

4.1.2　研究问题 1 的概念模型

1. 变量及其界定

基于文献回顾、初步的用户调研以及企业访谈,提炼出如下主要变量:自变量为企业启动用户互动活动的策略,即娱乐性、生动性(内在动机)、奖励性、易参与性(外在动机);中介变量为用户互动体验;调节变量为用户卷入度、关系强度;因变量为用户互动效应—传播品牌信息意愿,即用户对含有企业品牌信息 UGC的转发意愿、点赞意愿与评论意愿。

娱乐性:指事物的存在和发展能愉悦大众,使人们精神上得到满足。互动活动的娱乐性是指用户通过参与企业的互动活动获得的乐趣和愉悦体验。美国经济学家沃尔夫(2001)在《娱乐经济》中指出:"一切经济活动都能以娱乐方式进行,极少有什么业务能逃脱娱乐因素影响。倘若没有娱乐内涵,消费性产品将越来越没有机会立足。"彭晨明(2016)的研究表明娱乐价值能够显著加强人们对社交网络的参与程度,促进人们创造、传播品牌相关内容,提升人们对品牌主页的满意度和访问率。当帖子内容具有高娱乐性时,微信帖子的点赞数更多。

Malone(1981)从心理学角度出发,认为游戏的娱乐性是玩家在游戏过程中对游戏的总体感知,他认为影响玩家对游戏娱乐性评价的直觉因素主要有三项,即挑战(challenge)、好奇(curiosity)、梦幻(fantasy)。此外,还有许多学者研究过游戏的娱乐性。Lazzaro(2004)在 Malone 的基础上还加入了社会化这一因素。

　　Read（2002）提出娱乐性三个维度：玩家的持久程度（duration）、参与程度（participation）以及期望（expectation）。Cziksentmilalyi（1990）建立了"入迷（flow）"模型。学者们并没有对娱乐性定义达成普遍一致，在此基础上 Sweetser & Wyeth（2005）总结了相关因素，提出了游戏娱乐性的评估模型，从关注度（attention）、难度（difficulty）、玩家技巧（player skills）、控制（control）、清晰的目标（clear goal）、回馈（feedback）、浸入程度（immersion degree）、社交（social interaction）等角度去解读游戏的娱乐性。

　　生动性：Steuer（1995）将生动性定义为媒介环境向感官呈现信息的方式，认为当媒介所能刺激器官的数量越多，器官被刺激的程度越深时，该媒介生动性越高。例如相比较图片、文字，视频不仅激发视觉，还能刺激听觉等，因而具有更高级别的生动性。Coyle J.R.等（2001）基于网站设计的研究表明，高生动性的网站对用户更具有吸引力，高生动性的内容能吸引更多品牌粉丝给 Facebook 品牌帖子点赞。因此当微信帖子能够被更生动地表达时，消费者被刺激的感官越多，情绪越兴奋，将更容易被信息吸引并说服（Keating J.P.，2010），用户的体验越好，越能转发信息、点赞信息、评论信息。

　　奖励性：James 和 Ronald（1991）提出奖励为激励玩家参与游戏的外部因素，其影响变量为感知获奖概率和感知奖励价值。游戏奖励机制通常是游戏中对玩家的某些参与行为给予的肯定和表扬，激励玩家重复参与游戏或持续单次游戏时间。游戏中的奖励一般是送给玩家的一种虚拟游戏道具、额外提升玩家在游戏中分数、赠予玩家游戏时间和游戏中有价值的经验。

　　有学者研究了游戏中外部激励与内部激励之间的交互作用，其中 Deci 和 Ryan（1985）的自我决定理论对社会心理学的影响是巨大的。他的理论支持的观点为，娱乐性、挑战性等使任务变得有趣的内在属性会受到游戏点数或徽章奖励等外部奖励的损害。这属于一个经常受到争议观点的理论来源，不太有趣的任务附加了外部的奖励也会增强广告游戏内部刺激。Chris Heckler（2010）提出了两个内外部刺激的交互作用观点：与游戏任务完成程度相关、可预期并有形的奖励一般会减少玩家参与游戏的内部刺激；而非预期的、信息性的反馈通常会增加玩家参与游戏的内部刺激。

　　美国社交游戏研究公司 2012 年末报告指出，社交游戏玩家参与游戏第一天之后放弃游戏概率达到了 85%。因此在社交游戏上线期间，企业通常会以一定的周期举行抽奖活动吸引玩家返回游戏。以一定的抽奖活动频率提高玩家返回游戏的意图，抽奖活动频率是一周或两周一次。根据学术界的理论和企业实践，本文认为社交广告游戏奖励设置积极影响用户的游戏黏着度。

易参与性:用户在工作之余、闲暇时间参与企业的互动活动,或为了满足娱乐的需求,或是被企业生动有趣的活动所吸引,或是被活动的奖励所激励,但若是活动本身很复杂,让用户费心搞懂如何参与,就会打消参与的念头,或者即使参与了,也没有很好的体验,从而对企业或者是其品牌印象大打折扣,更会影响对含有企业及其产品信息的 UGC 的传播意愿。黎万强(小米联合创始人,2014)认为用户的参与热情最珍贵,应该给他们提供足够便利的工具。如小米选择了做出一个产品,即"我是手机控"的页面生成工具,用户只需要在其中的机型列表进行选择,即可自动生成一张图片和微博文案,用户再点下按钮就把他使用手机的历史,分享到微博上去,达到了良好的分享效果。

企业实践也证明了上述互动策略的有效性。小米为吸引粉丝参加其互动活动常常给予他们奖励或者优惠券。如 2017 年 12 月 19 日到 25 日小米送出 1.5 亿元的现金券回馈米粉,包括 100 万份 100 元现金券和 100 万份 50 元现金券,且都是无门槛使用。不少米粉凑了 100 多一点的东西,只花了几十块甚至几块钱就抱回家许多米家产品。粉丝们纷纷为雷军点赞,称小米这次的活动是最没有套路的感恩活动。

黎万强(2014)也写道:"小米设计的互动方式'简单和有趣',我们在论坛设计了点赞活动,看了广告首映觉得好,就点赞,然后可以敲金蛋抽奖,共获得了超过 4 900 万个'赞';微博上'我们的时代'话题讨论数近 20 万条,超过 10 万人下载了'我们的时代'配乐铃声,无数用户把自己的照片上传制作了专属的'我们的时代'海报……"小米的实践无不说明企业设计的互动活动的娱乐性、生动性、奖励性和易参与性带来了很好的品牌传播创新效果。

转发意愿、点赞意愿及其评论意愿:社交网时代,朋友圈的朋友发布了信息,其他人对此的互动行为是转发、点赞或评论。有的明星发布一条微博信息,其粉丝与其互动,对其信息转发、回复、点赞与评论的数量显示了粉丝对其认可、喜欢甚至是忠诚的程度。如小米的创始人雷军 2019 年 3 月 3 日 15:13 发布了一条微博信息:"假如小米 9 首月供货不足百万台,大家不用催了,我就去工厂拧螺丝!请大家耐心等等!"。该网页除了显示其粉丝量 2 116.5 万,微博数量 8 740 条外,还显示了粉丝对此信息的点赞量 26 032 人次,回复评论 7 433 条,评论 1 943 条,这些大大影响了小米 9 品牌的传播效果、市场效果。态度决定行为。这些粉丝的或转发、或点赞以及评论行为表明了他们对发布信息的态度,而最终态度决定了其互动行为。

Küster 和 Hernández(2012)对社交网络植入式广告进行了研究,通过深度访谈和收集 345 份问卷进行分析,得出消费者对社交网络平台的态度会影响其对植入品牌的态度,品牌态度会明显地影响产品购买意愿和传播良好品牌口碑的意愿,研究结果表明这三者之间的关系最强并最明显。

心流体验:Myung Ja Kim 等(2017)探索了老年人使用 MSNs 与旅游的动机。研究发现,内在动机对心流体验的影响比外在动机强,心流体验对主观幸福感的影响最大,这又极大地影响了购买意愿,使用 MSNs 的老年用户在焦虑程度上有明显差异。

用户卷入(involvement):即用户被吸引进去,卷入度是被吸引进去的程度。卷入可以理解为对某个活动、某个事物、某个产品与自己的关系或重要性的主观体验状态。低卷入度指消费者在购买商品时,不会花费大量时间和金钱,不用经过细心挑选分析,不需要收集相关信息,只是凭感觉等因素做出购买选择,反之,则是高卷入度。用户对互动活动投入的时间和精力、心思越多,参与企业启动的互动活动的特性(娱乐性、生动性、奖励性以及易参与性)会使用户的互动体验越深刻。

关系强度:是指信息发送者与信息接受者之间的关系程度。Money 等(1998)指出"关系强度是在社会网络中代表人际关系强度的一个多维结构",其维度包括紧密(closeness)、亲密(intimacy)、支持(support)和联系(association)。在社交网信息传递的过程中,信息发送者和接收者之间的关系强度是一个不容忽视的因素,关系强度能说明用户之间的信任度,信息源的可信度(Sohn,D.Y.,2009)。用户之间关系强度越大,情感联系就越多,用户之间的信任感就越强,这不仅增加用户对其好友传递的品牌信息的好感,也会加深用户对品牌态度的影响,从而提高对含有企业品牌信息的 UGC 的转发、点赞或者评论,反之亦然。

2. 概念模型

基于上述理论和相关文献、企业实践,以及变量的界定、变量之间的关系,构建了概念模型,如图 4-1 所示。

3. 研究命题

根据上述文献回顾和企业成功实践,我们有如下研究命题:

研究命题 1:在其他因素不变的条件下,互动活动的娱乐性显著正向影响用户互动体验;

研究命题 2:在其他因素不变的条件下,互动活动的生动性显著正向影响用

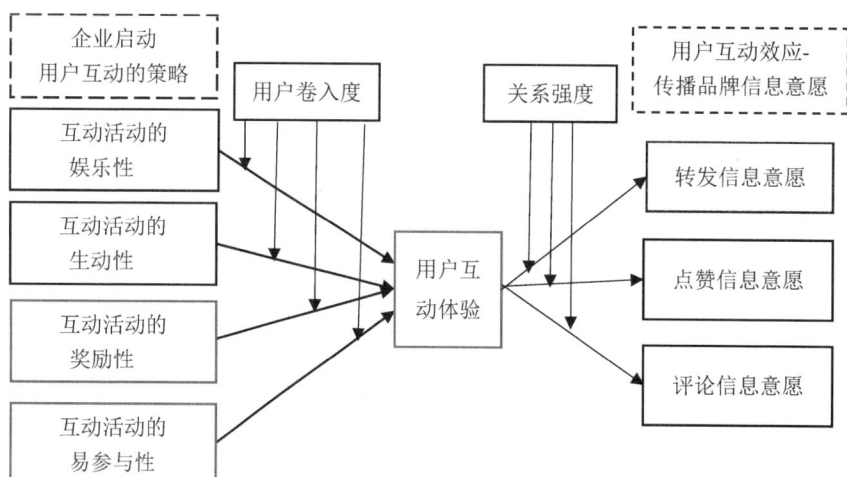

图 4 - 1 企业启动用户互动的策略、用户传播品牌的心理机制和效应

户互动体验；

　　研究命题 3：在其他因素不变的条件下，互动活动的奖励性显著正向影响用户互动体验；

　　研究命题 4：在其他因素不变的条件下，互动活动的易参与性显著正向影响用户互动体验；

　　研究命题 5：在其他因素不变的条件下，用户互动体验显著正向影响用户对含有企业品牌信息的 UGC 的转发意愿；

　　研究命题 6：在其他因素不变的条件下，用户互动体验显著正向影响用户对含有企业品牌信息的 UGC 的点赞意愿；

　　研究命题 7：在其他因素不变的条件下，用户互动体验显著正向影响用户对含有企业品牌信息的 UGC 的评论意愿；

　　研究命题 8：当用户卷入度高时，相对于卷入度低，互动活动的娱乐性对用户互动体验的影响更大；

　　研究命题 9：当用户卷入度高时，相对于卷入度低，互动活动的生动性对用户互动体验的影响更大；

　　研究命题 10：当用户卷入度高时，相对于卷入度低，互动活动的奖励性对用户互动体验的影响更大；

　　研究命题 11：当用户卷入度高时，相对于卷入度低，互动活动的易参与性对用户互动体验的影响更大；

研究命题12:强的关系强度情境下,相对于弱的关系强度,用户互动体验对其转发信息意愿的影响更大;

研究命题13:强的关系强度情境下,相对于弱的关系强度,用户互动体验对其点赞信息意愿的影响更大;

研究命题14:强的关系强度情境下,相比于弱的关系强度,用户互动体验对其评论信息意愿的影响更大。

4.2　研究问题 2 的理论基础及其概念模型

研究问题2:用户互动参与产品创新的心理机制与效应,其理论基础及其概念模型如下:

用户通过与企业相关人员的互动,一方面会对企业的产品生产过程、产品质量等更加了解,另一方面,也表达了自己对产品质量、功能等方面的需求、喜好和期待,企业因此吸收用户的意见对产品进行有的放矢的生产。这种互动不仅会影响企业产品和服务创新的质量、效率、成功率,同时也会深刻影响消费者的心理过程,从而影响其行为结果,如顾客的满意感、忠诚度、信任感、归宿感、成就感、社会认同、自我展示、自我强化、主人翁意识、用户公民行为等,并会增加用户对产品的情感,增加对企业创新能力的感知,降低感知风险,提高用户的忠诚度,从而产生更强的分享意愿、推荐意愿甚至是购买意愿,最终引发用户创新效应。

4.2.1　研究问题 2 的理论依据

该研究内容有如下理论可支持:

1. 心理所有权

心理所有权是一种状态,即个人感觉目标物体(或者是目标的一部分)好像是他的一样。心理层面上的所有权是种占有感,它使得人们把占有物视为自我的延伸,进而影响着人类的态度、动机和行为产生。占有心理学是心理所有权的理论基础,而占有感(感觉某个物体、某种资格或某个观点是"我的"或"我们的")是心理所有权的概念核心。根据占有心理学理论,心理所有权包括三个关键构念:

(1)态度:人们对心理所有权指向的有形和无形目标都会产生积极的情感,即"纯粹所有权效应";

(2)自我概念:占有心理学主张心理所有权使得人们把占有物视为自我的一

部分,心理所有权以占有物为中介,变成了与自我概念相关的建构;

(3)责任感:占有物和所有权会激发对实体对象的责任感,即占有情感会促使个体维护他们的心理所有权目标,即占有物。

2. 自我一致性理论

认知评价理论的最新成果是自我一致性理论,这个理论探讨人们追求目标的理由与其兴趣和核心价值的一致性程度。例如,如果人们追求目标的理由是其内在的兴趣,则他们实现目标的可能性就比较大。并且,即使目标没有实现,他们也会很高兴,因为努力的过程本身就充满了乐趣。相反的,因为外部原因而追求目标实现则成功的可能性比较小。即使获得成功,幸福感也不高,因为目标对他们来说并没有多大的意义。

自我一致性,是指个体外在的言语行为是其动机、目的和价值观的真实表现。即言行一致、表里如一。过去的我、现在的我和将来的我的连续性和稳定性。

自我一致性理论指出,个体对目标物投入时,会使自我与目标物融为一体,从而对目标物产生一定的所有感。根据自我一致性理论,用户参与企业的创新活动,对企业创新的产品就会产生一定的所有感,因而对该产品产生了积极的态度、责任感,并有该产品是自我的一部分的概念,从而也有购买意愿、推荐意愿以及口碑传播的意愿。

张德鹏等(2015)探讨了顾客心理感知因素在创新顾客口碑推荐意愿产生过程中的影响作用。研究结果表明,心理所有权在顾客参与创新对口碑推荐意愿的影响过程中起着部分中介作用,胜任感对顾客参与创新影响顾客心理所有权有显著的调节作用。

4.2.2　研究问题 2 的概念模型

1. 变量及其界定

基于上述文献回顾、初步的用户调研以及企业访谈,提炼出如下主要变量:自变量——用户参与产品创新,中介变量——心理所有权,调节变量——用户卷入度,因变量——品牌忠诚度、选取购买意愿(含重复购买、交叉购买以及增量购买意愿)、向他人推荐意愿、口碑传播意愿等。

N. Frankee (2010)指出顾客参与创新,不仅强调顾客与企业的互动,而且强调在此过程中共同创造的价值。李伟(2016)认为顾客参与企业的创新活动,与企业互动,不仅会强化顾客与企业之间的情感联系,而且会激发顾客的创造力和购买力,加深顾客的共创体验,这种深刻的共创体验能够促进顾客基于自我体验的口碑传播。正如小米创始人雷军所说的,小米和用户交朋友,一起玩,通过不断提高用户的参与感来做口碑传播。社交媒体是当下口碑传播的新渠道,是加速器,和用户肩并肩地站在一起,和用户一起玩,是口碑传播的关系链。

学者们将心理所有权应用到营销领域,当用户参与企业营销创新活动时,如产品开发,此类活动会影响其心理,这种影响可用"心理所有权"表示。张辉等(2010)指出,心理所有权是指顾客对企业或其产品产生的一种强烈的归宿感和占有感,它反映了顾客与企业或其产品之间的某种情感联系。对目标物的亲密了解、控制和投入能够促使个体产生强烈的所有权,就顾客创新活动而言,创新任务本身就为顾客提供了一定的控制权,而在完成创新任务的过程中,往往需要投入一定的时间和精力,并且与企业频繁互动,因此对企业及其产品也会有更深入的了解。

由前述可知,卷入度是对某个活动、某个事物、某个产品与自己的关系或重要性的主观体验状态。在其他条件不变的情况下,用户参与创新活动卷入度越高,意味着所投入的时间、精力就越多,对企业或者其品牌的认知就会越高,就越会产生顾客心理所有权。

2. 概念模型

基于上述理论和相关文献、企业实践,以及变量的界定、变量之间的关系,构建了研究 2 的概念模型,如图 4 - 2 所示。

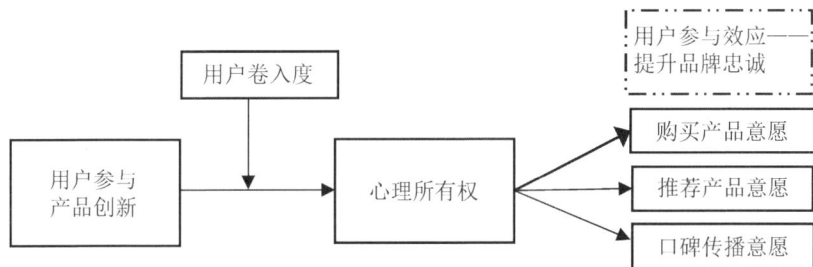

图 4 - 2　用户参与产品创新的心理机制与效应

3. 研究命题

根据上述文献回顾和企业成功实践,我们有如下研究命题:

研究命题 1:在其他条件不变的情况下,用户参与产品创新对心理所有权有显著正向的影响;

研究命题 2:在其他条件不变的情况下,心理所有权对用户购买产品意愿有

显著正向的影响;

　　研究命题3:在其他条件不变的情况下,心理所有权对用户推荐产品意愿有显著正向的影响;

　　研究命题4:在其他条件不变的情况下,心理所有权对用户口碑传播产品意愿有显著正向的影响;

　　研究命题5:当用户卷入度高时,相对于用户卷入度低,用户参与产品创新对心理所有权的影响更大。

4.3　研究问题3的理论基础及其概念模型

　　研究问题3:用户互动对产品创新绩效的影响—创新机制、效应,其理论基础及其概念模型如下:

4.3.1　研究问题3的理论基础

1. 名家名言

营销之父菲利普·科特勒曾对营销进行了简单明了的定义:"To meet demands profitably",译成中文就是"满足顾客的需求且企业自身也能盈利"。这就暗含了三层含义,一是要了解顾客需求,二是要生产满足顾客需求的产品,三是企业因此盈利。可见了解顾客需求是多么重要。

　　管理大师彼得.德鲁克认为:"可以设想,某些推销工作总是需要的,然而,营销的目的就是要使推销成为多余,营销的目的在于深刻地认识与了解顾客,从而使产品或服务完全适合顾客的需要而形成产品自我销售。理想的营销会产生一个已经准备来购买的顾客,剩下的事情就是如何便于顾客得到这些产品和服务"。他对营销的理解也是非常深刻,只要企业了解了顾客需求、偏好,并根据他们的需求生产出适销对路的产品,就没有卖不出去的产品,就不会有库存。

　　2. 精准营销理论

精准营销(Precision marketing)就是在精准定位的基础上,依托现代信息技术手段建立个性化的顾客沟通服务体系,实现企业可度量的低成本扩张。其核心理念是精准,其导向是以消费者为中心,依托的是消费者大数据的资源,通过信息技术、市场分析的手段进行准确的衡量与分析。

　　由于精准营销以消费者及其需求为中心,通过技术手段进行精准的客户细分,选择合适的渠道与客户沟通,在产品和服务的设计中高度重视消费者个性化需求,使提供的产品和服务更能满足客户需求,实现个性化的营销活动与服务,从而实现利益的最大化。

3. 一对一营销理论

所谓一对一营销是指企业根据每一位客户的特殊需求来相应地调整自己的经营策略的行为。它要求企业与每一个客户建立一种伙伴型关系,尤其对于那些最具有价值的"金牌客户"。一对一营销的基础和核心是企业与顾客建立起一种新型的学习型关系,即通过与顾客的一次次接触而不断增加对顾客的了解,并根据顾客的需求不断地改进产品和服务,最终提供完全符合单个顾客特定需要的顾客化产品或服务 。一对一营销既是细分市场到个体消费者的体现,也是精准营销精准到消费者个人的极致体现。

一对一营销理论表明,一方面对消费者而言,企业只有在充分了解每个顾客的偏好,与每个消费者建立学习型关系之后,才能更好地服务于每个顾客,增加他们体验到的价值,降低他们付出的经济、精力等成本,从而增加顾客获得的附加价值;另一方面对企业而言,也有如下好处:

(1)能极大地满足消费者的个性化需求,提高企业的竞争力。

(2)以销定产,减少库存积压。在传统的营销模式中,对于卖方市场而言,企业通过追求规模经济,努力降低单位产品的成本和扩大产量,来实现利润最大化。但随着买方市场的形成,这种大规模的生产使得产品品种雷同,必然导致产品的滞销和积压,造成资源的闲置和浪费,一对一营销则很好地避免了这一点。因为企业是根据顾客的实际订单来生产,真正实现了以需定产,因而几乎没有库存积压,这大大加快了企业资金的周转速度,提高了效率,同时也减少了社会资源的浪费。

(3)有利于促进企业的不断发展,有利于企业创新及其创新绩效的提高。创新是企业永保活力的重要因素,但是企业的创新必须与市场及顾客的需求相结合。传统的营销模式中,企业的研发人员通过市场调查与分析来挖掘新的市场需求,继而推出新产品。这种方法受研究人员能力的制约,很容易被错误的调查结果所误导。而在一对一营销中,顾客可直接参与产品的设计,企业可根据顾客的意见直接改进产品,在始终与顾客的需求保持一致的同时,达到产品技术上的创新,从而保持企业创新的有效性及其创新绩效。

过去,为了了解顾客的需求,企业采用了很多技术,如:主要客户分析、质量功能部署、客户访问计划以及调查和学习,这些技术能帮助企业对客户需求更深层次的理解,并相应提高了新产品的绩效。如今,移动社交网时代,企业基于移动社交网平台,与用户频繁互动,可以更好地了解用户的需求和偏好,从而不断提高新产品的绩效。

4. 研究问题 3 的概念模型

1)变量及其界定

基于上述理论以及初步的文献回顾、用户调研以及企业访谈,提炼出如下主要变量:自变量——企业与用户互动;中介变量——用户知识;调节变量——产品的重要性及创新性;因变量——新产品绩效。

企业与用户互动:Prahalad 等(2004)指出,企业与用户共同创造价值,核心在于企业与用户的互动。对于企业与用户的互动,一般而言企业较为主动。

用户知识:简言之,是指企业对用户需求、偏好的了解情况。在企业产品创新的过程中,企业与用户互动,用户参与企业的产品研发,结果是双方频繁互动、沟通,企业能够更多地了解用户的需求、偏好,形成用户知识,使得研发的新产品更加贴近市场,满足用户需求,更能适销对路,因而提高新产品的绩效。

张杰盛、李海刚等(2017)的研究结果表明,迭代创新绩效与用户的产品互动水平呈负相关,与用户的人际互动水平以及企业与用户互动水平呈正相关。这些发现启示企业应该利用人际互动水平作为筛选依据,快速聚焦用户共性的需求,并加强企业与用户的互动。

新产品研发成功与否与以下因素有关:市场导向、市场营销能力、市场知识能力、产品盈利能力和市场时效性(Li 等,1998)。与客户的密切接触和有效的沟通,使他们更好地了解产品特性的价值,Gupta 等(1990)的研究发现,新产品成功的最大障碍是缺乏早期的客户参与,导致对产品需求的定义不准,并且在项目过程中频繁返工。而基于移动社交网企业与用户的互动更加方便、频繁、直接和快速,企业关于用户的知识就更多、更快、更准,因而更能精准生产适销对路的产品,从而获得更好的产品创新绩效,如市场份额、销售额、盈利率等。

产品的创新性是指新产品开发对于公司与市场而言新颖的程度。若新产品对顾客和公司都是全新的话,则意味着公司和顾客对此产品缺乏了解。对于全新的产品,顾客很难提供准确的反馈,企业也可能很难得知新产品对于顾客的适用性(Narver 等,2004),所以企业与用户的互动能够降低双方的信息不对称程度。而对于产品改进,高互动性不仅没有必要,反而还可能会降低顾客知识的整体质量。因为产品改进项目一般都有固定的容量和紧凑的日程安排。一个高度交互的过程需要更多的团队合作,这样就会减少与客户接触的次数,可能会导致产品团队错过重要的客户信息,且增加创新成本,最终影响产品创新的绩效。

产品的重要性是指产品对顾客的重要程度。如手机对于顾客而言非常重要,每一个顾客对手机都很依赖,手机承载了顾客日常生活与工作的需要,其产品功能、质量、使用的体验对于每一个顾客都是非常重要的。在其他因素不变的情况下,产品重要程度越高,顾客对产品就越关注,与企业互动的意愿就更强烈,从而发生更多的互动行为,这样企业对顾客了解的就越多,有关顾客知识就越丰富,企业生产出来的产品就更能满足市场需求,进而产品创新的绩效就越好。而对于不太重要的产品,用户就没有强烈的意愿去关注和了解,与企业互动的意愿就不强,互动行为就不多,企业的顾客知识就少,这样就影响了产品创新的绩效。

2)概念模型

基于上述理论和相关文献、企业实践,以及变量的界定、变量之间的关系,构建了以下概念模型,如图 4 - 3 所示。

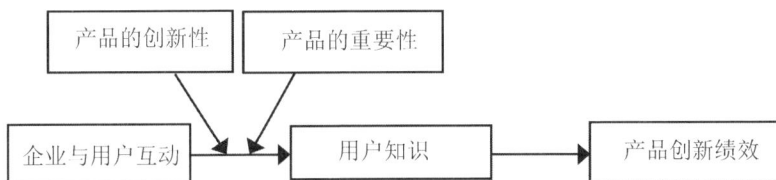

图 4 - 3 用户互动参与对产品创新绩效的影响

3)研究命题

根据上述文献回顾和企业成功实践,我们有如下研究命题:

研究命题 1:在其他条件不变的情况下,企业与用户互动显著正向影响企业的用户知识;

研究命题 2:在其他条件不变的情况下,用户知识显著正向影响新产品绩效;

研究命题 3:当新产品是全新产品时,相对于改进型产品,企业与用户互动对用户知识的影响更大;

研究命题 4:当新产品对用户重要程度高时,相对于对用户重要程度低而言,企业与用户互动对用户知识的影响更大。

第 5 章

基于移动社交网企业与用户互动的
创新体系及其类型

基于移动社交网企业与用户的互动,带来企业的系统性多种创新,如用户创新、各种营销策略创新—产品创新、服务创新、渠道创新、促销创新以及由此带来的商业模式创新。

5.1 基于移动社交网企业与用户互动可进行的系统性创新

如前所述,基于移动社交网企业与用户互动进行创新的内容主要体现在营销要素的创新上,进而带来商业模式的创新。由于以上创新都是以用户参与创新为基础的,因此用户创新是上述各种创新的前提、基础与保障。用户创新能带来产品与服务的创新,还有渠道创新、促销创新,因而节约成本、增加收入,带来定价的创新,以上创新最终体现在商业模式的创新上。基于移动社交网用户的互动带来的创新有如下类型:用户创新、产品创新、服务创新、渠道创新、促销创新、定价创新,进而带来商业模式的创新。各创新类型之间的关系如图 5-1 所示。图中实线代表直接影响,细的虚线代表间接影响,粗的虚线代表创新内容体系。

5.2 基于移动社交网企业与用户互动进行创新的类型

基于移动社交网企业与用户互动进行创新的类型及其内容如下:

5.2.1 用户创新

用户的创新主要体现在企业通过与用户的互动以及启动用户之间的互动,

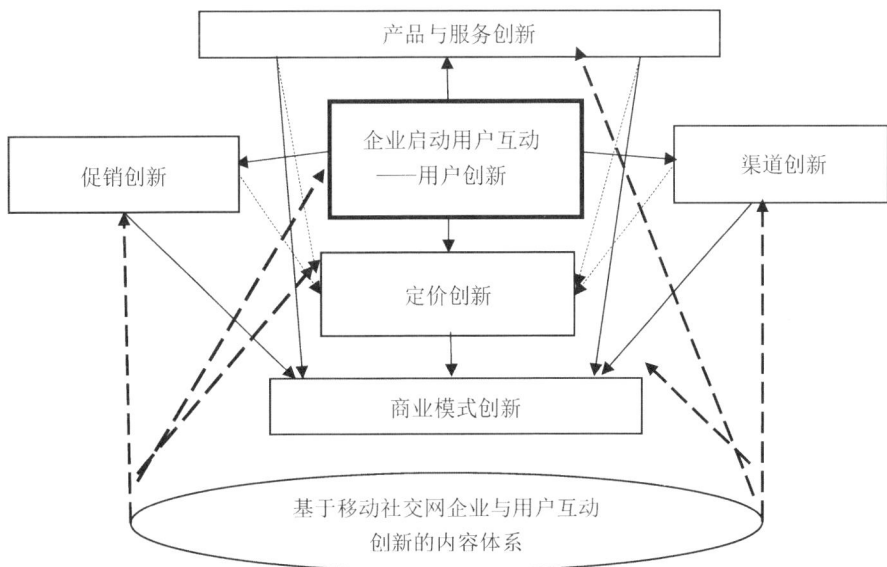

图 5 - 1　主要创新内容及其相互关系

从而让用户积极参与企业的经营活动,如参与产品的创新、企业品牌的传播,让用户对企业及其品牌产生积极的情感联系,如归宿感、心理所有权,不仅用户自身对企业及其品牌忠诚,还积极传播口碑、推荐,为企业带来流量,而且还可将流量转化成交易。

1. 用户创新的动力机制

企业要管理好用户的创新,必须遵循用户创新的逻辑、深刻理解用户创新的动力机制。可从两个角度进行:即企业为何要启动用户的创新,用户为何要参与其创新。

2. 用户在创新过程中的行为

用户在创新过程中的互动行为及其行为特征,为企业启动、管理用户创新提供了决策依据。

3. 用户创新的方法体系

马蜂窝的用户创新是业界成功典范。其用户创新对该企业的创新创业的成功起到关键作用。用户是该公司的流量来源,用户海量 UGC(用户原创内容)既是该公司核心竞争力,又是该公司产品创新(如旅游攻略、未知旅行—神秘研发工作室推出,不定期推出一款新奇的未知旅行产品)的源泉,用户的互动也是其促销传播创新(口碑、推荐)的主导力量,更是其渠道创新(精准推送、在线交易)、定价创新(如概率产品及其定价)的基础。马蜂窝的用户通过交互生成海量的内容—旅游攻略、游记、点评,其引擎算法,通过自动的语义分析和数据挖掘(与国家旅游局数据中心共同成立"自由行大数据联合实验室"),系统识别出真实可靠、有价值的旅游信息,将其转化成结构化的旅游数据并循环流动。马蜂窝依据用户偏好等数据,对应提供个性化的自由行产品及服务,全球旅游产品供应商则通过马蜂窝的旅游大数据精准匹配,获得精准营销的创新效果。

由上述马蜂窝案例可知,用户创新的方法体系,包括如下内容:

(1)企业启动用户互动进而参与创新的方法体系。基于移动社交网企业启动用户互动从而激发用户积极参与互动,企业应该有相应的策略、标准流程、关键节点、具体方法,并有相应的组织架构、团队建设、企业文化等进行匹配。

(2)用户互动创新的知识抽取方法:如网上爬虫技术、语义分析技术、数据模型等。

(3)用户互动创新的支撑工具:如 MSNs 平台的建立。

(4)用户互动创新的大数据平台的建立:如数据中心的建立,数据库的建立。

5.2.2 产品创新

由于在移动社交网上企业与用户互动、用户与用户之间互动,激发了用户参与产品创新的热情,分享品牌的热情,由于有用户的互动参与,加深了企业、用户双方的沟通了解,一方面企业更加了解消费者的需求、消费痛点,使得企业能按照消费者的需求进行新产品的开发,生产适销对路的产品,以满足用户的需求,解决其消费痛点。另一方面用户参与了企业新产品的开发过程,企业进行新产品开发时采纳了用户的意见、建议,用户对该产品便有了紧密的情感联系,对企业有了自家人的感觉,从而对品牌的忠诚度增加,更加乐于购买企业的产品,传播与推荐企业的品牌。以上两个方面都能提升企业开发新产品的绩效。

因此,基于移动社交网用户的互动行为,企业管理产品创新时,需了解以下问题:企业如何启动与用户的互动,如何激发用户参与产品的创新积极性,改善或创造产品,进一步满足顾客需求或开辟新的市场,带来良好的新产品开发的绩效。企业在管理产品创新时,需要遵循和关注以下方面:

1. 产品创新的动力机制

基于 MSNs 企业与用户互动进行产品创新的动力机制,从如下两个角度分析:一是企业启动用户互动,激励用户参与产品创新的机制;二是用户与企业互动参与产品创新的心理机制。

2. 企业启动用户互动,从而参与产品创新的方法体系

基于移动社交网企业启动用户互动从而激发顾客积极参与产品创新,企业应该有相应的策略、标准流程、关键节点、具体方法,并有相应的组织架构、团队建设、企业文化等进行匹配。

3. 产品创新绩效的度量

企业产品创新的绩效可从很多方面度量,如新产品的质量、新产品财务上的成功—销售额、市场占有率、新产品开发过程的成功、用户对新产品的满意度、忠诚度等。

5.2.3 服务创新

服务创新就是使潜在用户感受到不同于从前的崭新服务内容。服务创新为用户提供以前没有能实现的新颖服务,这种服务在以前由于技术等限制因素不能提供,现在因移动社交网突破了限制而能提供一对一的随时随地的服务。基于移动社交网用户的互动行为,企业在管理服务创新时,需要遵循和关注以下方面:

1. 服务创新的动力机制

移动社交网的不断发展,为企业与用户互动提供了很好的平台,也给企业为用户更好的服务提供了可能。企业在管理服务创新时,应该根据服务创新的特点,遵循服务创新的动力机制:一是企业启动用户互动进行服务创新的机制;二是用户与企业互动参与服务创新的心理机制。

2. 服务创新的方法体系

基于移动社交网企业启动用户互动从而进行服务创新,企业应该有相应的策略、标准流程、关键节点、具体方法,并有相应的组织架构、团队建设、企业文化等进行匹配。

3. 服务创新绩效的度量

企业服务创新的绩效可从很多方面度量,如服务质量、用户满意度、用户的投诉率、忠诚度、网络的口碑传播、用户推荐等。

5.2.4 渠道创新

渠道创新主要是指在短渠道上的创新,废除传统的一、二、三级代理制,缩短到达客户的中间途径,甚至直接面对消费者,获取高额利润。渠道的重要性体现在业界的"渠道为王"上。越来越多的企业发现,在产品、价格乃至广告同质化趋

势加剧的情况下,单凭产品的独立优势赢得竞争已非常困难。渠道的创新对于培养企业差异化的竞争优势大有可为。

1. 渠道创新的动力机制

整合营销传播理论创始人、美国西北大学教授唐·舒尔茨指出:在产品同质化的背景下,唯有"渠道"和"传播"能产生差异化的竞争优势。在市场经济日益发达、企业的市场营销环境不断变化和竞争日益激烈的今天,重视分销渠道管理与创新是企业成功的重要条件。

根据麦肯锡咨询公司的分析,新兴的分销渠道往往会带来全新的顾客期望值,并且会影响到成本,甚至可节省成本 10%~15%,从而创造成本优势。渠道创新会给厂商带来意想不到的价值,诸如为顾客提供购买的便利、为厂商节省分销成本。

基于 MSNs 企业与用户互动进行渠道创新的动力机制,可从如下两个角度分析:一是企业启动用户互动进行渠道创新的机制和逻辑;二是用户与企业互动参与渠道创新的心理机制。

2. 渠道创新的方法体系

基于移动社交网企业启动用户互动从而进行渠道创新,企业应该有相应的策略、标准流程、关键节点、具体方法,并有相应的组织架构、团队建设、企业文化等进行匹配。

3. 渠道创新的绩效度量

如铺货量、销售量、市场占有率等。

5.2.5　促销创新

促销创新是指改善或创造与顾客交流和沟通的方式,理解顾客的需求,销售产品,提高企业的知名度、美誉度,提升企业的品牌形象。

1. 促销传播创新的动力机制

移动社交网时代,用户的行为习惯、关注点和使用时间都发生了深刻的变化,他们大多都泡在移动社交网中。目前在所有移动端的 App 中排名前十的有三个社交软件,就是微信、QQ 和微博,这些是企业必须布局的用户互动沟通平台。

移动社交网时代,所有的流量中最优质的是口碑流量,其转化率高于 60%。过去的传播模型为漏斗模型,此模型以媒体为中心,企业关注的是到达率、转化率、ROI。移动社交网时代的信息传播符合波纹传播模型,此模型更加以用户为中心，企业关注的是每个用户作为传播节点的影响力和整个用户生命周期的全部价值。在这个人人都是自媒体的时代，每个人的购买行为都会受到身边亲友同事的影响，用户不仅仅是用户，更是企业的传播者和销售员，帮助企业推广、推荐和推销。所以，企业最大的营销资源不是任何一个媒体上的广告，而是每个消费者分享的力量。用户的口碑是一个非常重要的传播资产。

　　2. 促销传播创新的方法体系

　　基于移动社交网企业启动用户互动从而进行促销传播创新，企业应该有相应的策略、标准流程、关键节点、具体方法，并有相应的组织架构、团队建设、企业文化等进行匹配。

　　3. 促销传播创新绩效的度量

　　促销传播创新绩效可用如下指标度量，如粉丝数、转发数、点赞数、评论数、用户转化率、用户购买意向、购买频率、购买金额多少，以及口碑、推荐数等。

5.2.6　定价创新

　　定价策略，是营销组合中十分关键的组成部分，价格通常是影响交易成败的重要因素，同时又是市场营销组合中最难以确定的因素，还是市场营销组合中最灵活的因素，它可以对市场做出灵敏的反映。

　　1. 定价创新的动力机制

　　定价创新的动力机制以小米模式说明。小米的模式是，先将高配低价的硬件产品推向市场，让用户因为超高性价比而使用手机，然后通过不断更新的软件系统和超越客户期待的服务将用户聚集起来。在这个过程中，小米通过互联网直销模式砍掉传统实体店的渠道成本，支持整体的低价策略。

　　移动社交与大数据时代，一方面由于企业与用户的互动，能了解每个用户对产品的偏好、需求，可以差异化提供产品与服务，进而精准营销，个性化定价，如马蜂窝根据用户的偏好，推出概率产品，对其进行概率定价。另一方面，由于企业与用户基于移动社交网进行互动，使得其产品与服务创新、促销创新、渠道创新，因而节约成本、提高效率，可做到低价高配置，产品性价比高，因而实现定价创新。

　　基于移动社交网企业与用户互动从而进行定价创新，企业应该遵循其商业逻辑，深谙其创新的机制。

　　2. 定价创新的方法体系

　　基于移动社交网企业启动用户互动从而进行定价创新，企业应该有相应的策略、标准流程、关键节点、具体方法,并有相应的组织架构、团队建设、企业文化等进行匹配。

5.2.7　商业模式创新

在所有的创新中,商业模式创新属于企业最根本的创新,离开商业模式,其他的创新都失去了可持续发展的可能和盈利的基础。

1. 商业模式创新的动力机制

基于移动社交网企业与用户互动有其商业模式创新的逻辑,企业应该遵循其创新的逻辑,深谙其创新的机制。

2. 商业模式创新的路径

基于移动社交网的用户思维、信息传播规律,企业启动用户互动,参与产品创新、用户知识挖掘、启动口碑传播、线上销售产品,省去中间环节。利用移动社交网平台提供服务,节约成本,实现低定价、高配置、适销对路,带来营销及其要素的创新,从而创造了新的商业模式。因此各创新内容之间的关系是:用户创新带来产品创新、服务创新、促销传播创新、渠道创新,进而带来定价创新,最终导致商业模式创新。

3. 创新的商业模式的盈利模式

基于移动社交网企业与用户的互动过程,企业应该不断地与时俱进、迭代更新其商业模式,不断提炼其商业模式的盈利要素,最终构建创新的商业模式的盈利模式。

第6章

基于移动社交网小米与用户互动及其创新分析

6.1 小米简介

北京小米科技有限责任公司(简称:小米),成立于 2010 年 4 月,是中国一家专注于智能硬件、智能家居以及软件开发的企业。

小米手机、米聊、MIUI 是小米公司旗下的三大核心业务,"为发烧而生"是小米的产品理念,小米公司首创用互联网模式开发手机操作系统、发烧友参与改进的模式。

2011 年,小米发布第一款产品"小米手机",2014 年 12 月,小米以 12.7 亿元入股美的集团。2016 年 6 月,宣布联合新希望集团等企业申办的民营银行"四川希望银行"正式获得银监会批复筹建,同年 9 月 1 日,小米联合中国银联正式发布小米支付(MiPay)。2017 年 1 月 5 日,小米于美国 CES 展会上发布系列新品,包括 Mix 手机白色版及小米电视 4。同年 5 月,与长江基金达成 120 亿基金合作,同年 12 月 25 日,发布小米电视 4C55 英寸体育版。2018 年 7 月 9 日,小米集团正式在港交所主板挂牌,成为港股市场"同股不同权"创新试点的首家上市公司。

根据 2019 年 3 月 19 日发布的小米 2018 年财报,2018 年财年其所有业务分部营收均获得较大幅度的增长。智能手机分部收入为 1 138 亿元,同比增长41.3%;IoT 与生活消费产品分部的收入为 438 亿元,同比增长 86.9%;互联网服务分部收入同比增长 61.2% 至 160 亿元。小米高级副总裁兼首席财务官周受资表示,去年四季度最重要的事情就是完成了小米多元化,而多元化让小米的互联网收入在未来一段时间内越来越健康,越来越能抵抗周期。除了手机,广告和游戏的收入已经占了小米互联网收入的 30%，而且这几个板块都在快速增长。

2019 年第一季度财报显示，小米集团总收入人民币 438 亿元，同比增长 27.2%，其中智能手机分部的收入占大头，约为人民币 270 亿元，同比增长 16.2%；IoT 与生活消费产品分部收入人民币 120 亿元，同比增长 56.5%；互联网服务分部收入人民币 43 亿元，同比增长 31.8%；其他收入 447.8 百万元，同比增长 82.8%。其智能手机战略调整初见成效，MIUI 月活跃用户达到 2.6 亿，小米员工平均月薪 4 万人民币。

6.2　小米与用户互动分析

随着互联网和电子商务的发展，互动营销成为时下最受欢迎的营销模式之一，被越来越多的企业采用。2014 年第二季度的手机销量令人大跌眼镜，但以小米为首的国产手机开始占据市场主要份额。小米创造了一个个销售奇迹，这样的成果与其采用互动营销方式是分不开的。

6.2.1　小米的参与感三三法则

正如小米创始人雷军总结的小米成功秘诀：用户的参与感！ 如表 6 - 1 所示，小米从战略、策略以及执行层面打造用户的参与感。

表 6 - 1　小米参与感三三法则

参与感三三法则		
三个战略	战略执行	战略效果
产品战略 "做爆品"	只做一个 做到第一	海量的用户规模 公司资源的聚焦
用户战略——"做粉丝"	先让员工成为粉丝 先做服务 粉丝获取：功能，信息，荣誉，利益	信任度 用户关系的强弱
内容战略——"做自媒体"	内容质量：有用，情感，互动 引导用户创作内容	内容传递的速度 内容传播的深度
三个战术	战术执行	战术效果
开放参与节点	基于功能需求开放节点 开放要让企业和用户双方获益	参与人的数量 参与感的持续性

（续表）

参与感三三法则		
设计互动方式	互动方式:简单,获益,有趣,真实 把互动方式持续改进	互动的广度 互动的深度
扩散口碑事件	先做种子用户 产品内部的用户扩散机制:工具,自娱,炫耀 官方做关键公告及事件深度扩散	事件的扩散度 转换率:点击,加粉,注册,购买等

资料来源:黎万强(2010)

从表 6-1 可知,小米的"参与感三三法则"中,第一个"三"是指三个战略,即产品战略、用户战略和内容战略,第二个"三"是指三个战术,即开放参与节点、设计互动方式和扩散口碑效应。无论是战略还是战术,用户都是参与其中。

在小米的"参与感三三法则"下,小米发起了很多与用户互动的活动,收到了很好的效果。

6.2.2　米粉节及其与用户的互动

1. 米粉节

小米的哲学就是米粉的哲学,为了感谢米粉们一路以来对小米公司的支持与陪伴,小米把成立日 4 月 6 日命名为米粉节,每年都会在这一天举办粉丝的盛大狂欢,进行对米粉的答谢活动,至今已经举办了 8 届。各年米粉节与用户互动的盛况如表 6-2 所示。

表 6-2　小米 2012—2019 年米粉节活动盛况

年份	销售记录	回馈活动
2012	销售数量:当日创造了 6 分多钟销售完 10 万部手机的纪录	线下狂欢 Party 嗨翻天; 第六轮十万台公开购买; 所有配件全场六折,让利 3 000 万; 和电信推出电信合约机,带来极优惠的套餐

(续表)

年份	销售记录	回馈活动
2013	小米 2S 于 2013 年 4 月 8 日晚上八点在小米官网首发 20 万台	连续发布四款新品； 宣布 100 万元向网友征集一张壁纸； 发布为感谢 100 个铁杆粉丝的微电影《100 个梦想的赞助商》
2014	累计参与人数：1 500 万人； 销量：历时 12 小时其官网共接受订单 226 万单，售出 130 万部手机； 销售额：超过 15 亿元，配件销售额超 1 亿元	没有举行线下发布会； 小米公司史上最大的一次销售活动； 100 万台手机免预约，全场配件 5 折起； 疯狂 12 小时大回馈，一天爽 6 次，让利 1.2 亿元； 世界拳王争霸赛 1 096 万人参与
2015	12 小时总销售额 20.8 亿元； 销售手机 212 万台，破"单一网上平台 24 小时销售手机最多"的吉尼斯世界纪录； 共产生了 305 万份订单	自上午 10 点正式开始，持续至晚 22 点共计 12 个小时，活动完全在小米网线上展开； 5 大新品登台亮相，同时提供足量备货的手机与配件免预约购买，丰富的 MIUI 线上生态产品共同参与，并提供了价值两亿元的超值回馈； 推出针对米粉的个性服务
2016	累计参与人数：4 683 万人； 游戏参与次数：10.2 亿次； 销售金额：超 18.7 亿； 米粉节活动期间，全国 20 家小米之家门店有十余万人次到店体验、消费	活动时间从 1 天延长至 7 天，直接升级为"米粉节狂欢周"； 首卖六大新品； 游戏、动动手指、逢 6 中奖； 在全国范围对小米之家进行升级及新开店面，小米之家协同小米网，在线下零售渠道同步开展米粉节相关促销
2017	4 天销售总额 13.6 亿元，平均每天的销售额为 3.4 亿元； 线上参与人数达到 5 740 万次； 小米之家 68 家门店同庆销售总金额突破 7 500 万元； 米粉节期间累计客流超 50 万人次	赠送雷军、几位小米联合创始人和小米同事亲笔签名的感恩明信片给购买了小米产品的米粉； 小米联合"奇葩说"进行营销，小米商城多款商品 5 折销售，并送出 1 亿元红包； 小米十大新品首卖； 登录小米官网可抢满减券，每天 10 点、14 点、20 点整开抢； 12 款科技新品首发开卖，智能产品多款特惠，最高减 100 元； 提供多款科技套装

（续表）

年份	销售记录	回馈活动
2018	小爱音箱 mini,仅一天就有 30 万人抢购; 小米 MIX2S 获得了 17 万人的青睐; 小米有品发放 4 300 万张礼券,优惠券领取总面值达 28 亿元,共有 14 万人参与"有品拼团"团战,最快 3 秒成交	活动时间从 4.3—4.10,各种渠道同步举办; 多款手机、电视、智能硬件产品让利降价; "一起来拍 8 赢优惠券"活动; "小爱语音点歌台"活动,等等
2019	销售总支付金额 19.3 亿元; 小米 AIoT 智能设备销量超 70.3 万台; 小爱音箱系列销量超 45 万台、支付金额破亿; 大家电销量超 22.3 万台; 其中小米电视总销售额突破 3.6 亿元,米家互联网空调在天猫平台销售额和销量均第一,米粉节 9 天狂欢直播观看数 4 257 万,当日总参与人数 3 512 万	经过连续 8 天的直播预热,小米推出 20 款新品在米粉节上开售; 推出全新的"盲买"玩法,8 款新品盲买预售,预付越早,返券金额越高; 为米粉准备了十大福利:手机超值特惠、5 大众筹爆品回归众筹价、买小赠大、买手机换购小爱音箱、智能套装特惠、1 元福袋、超级秒杀、一天三场百万红包雨、裂变红包、直播送券,总计让利超过 2 亿,史上优惠力度最大; 9 周年感恩狂欢的跨夜直播; 开售两款新限量版的手机新品:小米 9 王源限量版、小米 9 SE; 三款机型直降 200 元:小米 8 SE、小米 8 青春版、小米 MIX 3; 雷军当天拍了一个 Vlog 与粉丝互动; 米家品牌当天发布了多款新品:米家手持无线吸尘器,米家扫地机器人 1S

资料来源:根据网上资料整理

　　2019 年是小米公司成立的第 9 个年头,也是米粉节举办的第 8 届。小米公司的官方微博账号显示,2019 年小米米粉节的销售额分别在凌晨的 4 分 52 秒破亿、中午的 11 点 1 分 9 秒支付金额破 7 亿、紧接着在 14 点 57 分 5 秒支付金额破 10 亿、19 点 53 分 49 秒支付金额破 15 亿,在 23 点 59 分 59 秒,米粉节最终实现支付金额 19.3 亿,几乎是 2018 年米粉节总支付金额的 2 倍。2018 年米粉节历时 8 天销售总支付额为 10 亿元,而 2019 年米粉节仅仅用不到 15 个小时就达到了这一销售额,小米高管认为这是"手机＋AIoT"的双引擎战略实施后的一次大飞跃。8次米粉节盛宴见证了无数米粉对小米的喜爱和支持。这背后源自小米对产品和服务的极致追求。自公司创办以来,小米一直本着"让每个人都享受科技的乐趣"的理念不断致力于提高产品品质和设计,明确以用户为中心,坚持真材实料,坚持和用户交朋友,坚持做感动人心的产品。

2. 典型米粉节互动活动

2018年是小米成立8周年,本届米粉节的主题是"一起狂欢8",正是映射了小米8周岁生日。这次米粉节从4月3日持续到4月10日,整整8天。米粉节期间小米MIX2S、红米Note5等8大新品悉数登场,多款手机、电视、智能硬件产品让利降价加上狂送的1.5亿元优惠券,为支持和陪伴小米的新老米粉和用户带来一场爽翻天的饕餮盛宴。

此次米粉节在小米商城/小米之家/京东/天猫/有品/苏宁易购/唯品会/授权店/直供点同步举办。

在活动期间,米粉和用户在小米商城购买大部分实物类商品,都有机会享受小米分期3/6期免息和立减20元优惠叠加等优惠。米粉节期间,在淘宝/京东App搜索框中搜索"米粉节",将有惊喜彩蛋。

1)八大新品首卖

每年米粉节,小米都会推出众多新品回馈米粉。2018年米粉节推出了八大新品,首先登场的就是万众瞩目的超旗舰手机小米MIX2S。小米MIX2S搭载骁龙845处理器,尊享版拥有8GB内存+256GB存储,AI双摄+1.4μm超大像素+DualPD全像素双核对焦,暗光拍摄更出色,新一代全面屏+四曲面陶瓷机身浑然天成,堪称手机中的艺术品。此款手机于4月3日早10点首卖。

4月3日0点,小米小爱音箱mini也在米粉节开启当天进行首卖。作为小爱家族的新成员,小米小爱音箱mini是大受欢迎的小米AI音箱的mini版,功能相同但体积更小巧,为回馈广大米粉及用户,米粉节期间,原价169元的小米小爱音箱mini,特惠价仅为99元。

小米米家智能后视镜新品在4月3日米粉节首卖。内置小爱同学,能听会说,解放双手,导航、听歌一句话的事儿。6.86英寸高分辨率大屏幕,ADAS驾驶辅助系统,1080P高清行车记录仪。支持全网通4G与2.4G/5G双频WiFi信号,确保车内网络实时流畅。同时,后视镜自身也可以作为WiFi热点,支持其他设备连接上网。

除此之外,红米Note5、55英寸小米电视4S、米家电动剃须刀、米家轨道积木、小米蓝牙项圈耳机也在米粉节开启当天进行首卖。

2）百款科技好物享特惠，米粉节豪掷 1.5 亿元

米粉节活动期间，包括手机、电视、笔记本、智能硬件等多款爆品在内的上百款科技好物限时特惠。4 月 3 日当天，小米 MIX2 参与秒杀最高减 1 000 元。其他手机产品如小米 Max2 最高立减 200 元，小米 Note3 最高立减 300 元，小米 5X 最高立减 200 元，智能硬件产品如小米空气净化器 2、米家扫地机器人、九号平衡车等立减 100 元。小米电视 4A（32 英寸和 40 英寸）立减 200 元，49 英寸立减 500 元，限量秒杀。55 英寸立减 400 元。13.3 英寸的笔记本最高立减 400 元，15.6 英寸笔记本立减 300 元，12.5 英寸笔记本元、128GB 版本仅限 4 月 3 日一天立减 300 元。

当然，仅仅降价还是不够的，为了给米粉们超过预期的体验，米粉节为广大米粉和用户送出 1.5 亿元海量优惠券和多种实物好礼。所有米粉和用户都可以开启专属于自己的邀请函，8 周年老米粉还有机会赢取能听会说的人工智能音箱小米小爱音箱 mini。米粉们打开邀请函的同时，还能获得优惠券等超值好礼。用户在小米商城 App 或扫描二维码进入页面参与活动，上传自己的照片，参与评比投票，即可获得 3 次抽取优惠券的机会，评比投票票数前 3 名依次可获得一部小米 MIX2S、小米 6 以及红米 Note5，活动还会选出 10 个优秀作品送出新品小米小爱音箱 mini。

3）粉丝节活动

（1）"1 分拼好货"活动。在米粉节期间，小米近期刷爆朋友圈的"1 分拼好货"活动也全新升级。九号平衡车、90 分金属登机箱、小米电视 4A32 英寸、米家压力 IH 电饭煲、小米米家空气净化器 2S、米家小相机、小米体脂秤等商城爆款产品，均将参与活动，邀请朋友来拼团，用户可以实现 1 分钱赢爆品。

（2）"一起来拍 8 赢优惠券"活动。小米 8 周年，一起来拍 8！拍摄或上传"8"字型的照片，即可抽取优惠券。照片只要经过审核通过后即可参与评比，可邀请好友为自己投票，累积票数多的用户还有机会赢小米 MIX2S、小米 6、红米 Note5、小爱音箱 mini 等实物好礼。

（3）"小爱语音点歌台"预热活动。从 3 月 28 日开始到 4 月 2 日，小爱语音点歌台开播，与小爱同学互动，就有机会赢小爱音箱 mini、小米 MIX2S、小米米家智能后视镜、红包优惠券等多项大奖。

3. 互动效果

2018 米粉节＆有品周年庆活动于 4 月 10 日正式落下帷幕，有品发布了最终战绩。活动期间小米有品 50 多款新品上线，其中最受大家关注的小爱音箱

mini,仅一天就有 30 万人抢购,小米 MIX2S 也获得了 17 万人的青睐。从前期预热开始,有品狂撒 4 300 万张礼券,优惠券领取总面值达 28 亿元。

作为越来越多消费者购买新型产品的新模式,众筹是有品的经典购物模式之一。在本次活动中,许多用户享受到"捡漏"平价"黑科技"产品的乐趣。另外,"有品拼团"也是本次促销的一大亮点,共有 14 万人参与团战,最快 3 秒结束战斗。

截至 4 月 10 日 24 点,生活小件单品销量一路领跑,90 分银离子抗菌 T 恤、小米活塞耳机、Pinlo 小怪兽料理机等商品位居热度产品榜 TOP3,睿米手持无线吸尘器、石头扫地机器人、鹿客智能指纹锁等单品和家居大件也非常受欢迎,进入到小米有品口碑好物 TOP10 榜单中。这几张榜单背后,是越来越个性化、品质化的消费需求,也体现出消费者对于有品极高的认可度。

以小米电视为例。根据奥维云网的监测数据显示,2018 年第 14 周(4 月2—8日),小米电视蝉联线上销量销额双第一,包揽线上最畅销机型 TOP5。综合来看,米粉节的狂欢与小米电视极具吸引力的产品品质和优惠力度分不开。如表 6-3 所示。

表 6-3　2018 年第 14 周电视品牌线上市场排名及其畅销电视机型 TOP10

排名	零售量	零售额	排名	品牌	型号
1	小米	小米	1	小米	L32M5－AZ
2	海信	海信	2	小米	L55M5－AZ
3	创维	创维	3	小米	L43M5－AZ
4	TCL	TCL	4	小米	L50M5－AD
5	夏普	夏普	5	小米	L49M5－AZ
6	康佳	长虹	6	创维	32X3
7	长虹	索尼	7	创维	42X5
8	酷开	康佳	8	创维	32X6
9	海尔	三星	9	海信	LED55EC500U
10	飞利浦	飞利浦	10	海信	LED32EC300D

资料来源:奥维云网(AVC)线上监测(2018.4.2－2018.4.8)

2 月份小米电视出货量取得全球前十、中国第三的辉煌战绩,紧接着"米粉节"的火爆再次让小米电视登上了销量之巅。据奥维云网数据显示,在第 14 周电视品牌线上排名中,小米电视勇夺电视销量销额双冠军,并将海信、创维等品牌远远甩在后面。

　　2018 年的米粉节,小米电视人气机型悉数上阵,32 英寸、43 英寸、49 英寸、50 英寸和 55 英寸等,优惠幅度非常大,一举拿下当周最畅销机型 top5。根据官方数据,这 5 款成绩斐然的电视同属小米电视 4A 系列,主打高性价比。小米电视 4A50 英寸仅售价 1 999 元,65 英寸的售价也仅为 3 999 元,再度击穿行业底价,简直是消费者的狂欢。尤其小米电视 4A32 英寸,更是开启了智能电视百元时代,成为小米电视销量的主要发力点,在智能电视市场受到消费者热捧。

6.2.3　雷军及小米高管与粉丝的互动

　　除了小米公司与粉丝不断互动,小米 CEO 雷军常年也与粉丝频繁互动,其互动效果也很好。

1. 雷军与用户的互动

　　雷军非常注重与粉丝的互动,且雷军与网友互动的渠道非常多,包括微博、小米论坛、直播以及"淘宝头条"等。早在 2015 年,雷军的微博粉丝数已经突破千万大关,如表 6 - 4 所示(数据统计时间:截至 2015 年 10 月 31 日)。微博既是雷军发布新品推广消息的一个渠道,也是他与粉丝建立深度联系的一种方式。

表 6 - 4　小米公司及其领导人相关新浪微博账号的粉丝数与微博数

微博 ID	粉丝数(万)	微博数(条)
雷军	1 253	5 495
小米公司	515	12 718
小米手机	1 045	11 492
小米电视	412	6 003
小米盒子	229	7 116

资料来源:根据网上资料整理

　　截至 2018 年 12 月 20 日,雷军的微博已经突破 2 000 万粉丝,纵观科技圈大佬的微博粉丝数,似乎只有马云的 2 400 万要高过雷军,其他诸如杨元庆(1 600万)、周鸿祎(1 219 万)等,与雷军都有不小的差距。如果只看手机圈,那么雷军的粉丝数毫无疑问是排名第一的,其他诸如余承东(683 万)、黄章(525 万)、刘作虎(287 万)等,尚不足雷军粉丝数的一半。和小米手机扎根于互联网的营销方法类似,雷军近年来一直坚持通过网络,尤其是微博与网友互动。其聆听消费者建议,与消费者沟通的形象深入人心。

2. 小米高管与用户的互动

2019 年小米公司高管在微博上特别活跃,雷军发博频率堪比营销号,小米系 KOL 总人数也日渐壮大。

根据小米官方网站公布的 15 名公司高管名单,据《21CBR》不完全统计,仅有高级副总裁祁燕与副总裁、质量委员会主席颜克胜尚未开通微博。其余 13 名高管均开通微博,合计未去重粉丝总数约 3 100 万,金 V 账号 5 个。

在翻阅雷军关注列表时还发现,他还关注了小米 9 代言人王源的粉丝群体,有微博认证的"王源超话粉丝大咖""王源微吧官方微博"等。

以上种种迹象表明,小米再度发力社交营销。尽管小米在财报中强调,在巩固线上渠道的同时,持续拓展高效的线下渠道。小米的"互联网模式"已被证明可以复制,原本的优势被诸多竞争对手侵蚀,以雷军为首的小米高管大 V 团不停地刷屏,推销新品则顺理成章。

3. 典型互动活动

雷军与粉丝典型的互动活动如 2016 年的"双 11"。当天,雷军于下午 3 点出现在"淘宝头条"问答栏目,亲自为网友答疑解惑。另外,雷军还表示会在答疑的过程中随机送出小米 MIXF 码。这一做法不仅吸引了大量的小米铁杆粉,同时让很多路人由此转粉。"双 11"结束后,小米宣布夺得四连冠。小米天猫官方旗舰店当天的销售金额为 12.95 亿元,手机单品销量位居小米产品中的第一位。

4. 互动效果

频频在直播中亮相的雷军,因此获得了"网红"的称谓。直播所独具的实时互动性,既保证了新品宣传的效果,也提高了雷军与粉丝互动的效率。直播中的雷军一直以一种极具亲和力的形象出现在粉丝面前。带着浓厚口音的普通话,以及专业化的讲解,让粉丝与之的距离感得以缩短,从而培养了粉丝的黏性。雷军与粉丝的良好互动,不仅增强了与粉丝之间的黏性,还促进了小米产品的销量。

6.2.4　小米与用户互动

小米与用户关系的指导思想就是"和用户做朋友"。如今,小米不仅真正做到了把用户当朋友,而且还让用户与用户之间成为朋友。

小米为用户主动营造亲密的互动环境不仅实现了最简单的关系连接,而且打造出一种亲文化。这种亲密关系的实现并不仅仅在于传统渠道的口口相传，更多的是社会化媒体及互联网技术的支持。

亲文化下形成的"亲社区"为米粉间形成亲密关系提供了有利的渠道，打造出属于广大米粉的家。此时，粉丝如同花粉一般播撒到世界各地，也将口碑传播到更远的地方。所以，小米之所以能在几年间创造奇迹，与它亲社区的理念密不可分。

1. 小米用户之间的互动

1）小米社区——简单的幸福

小米社区是米粉们最大的聚集区，涵盖了论坛、板块、酷玩帮、学院、同城会、爆米花、小米商城等众多分类内容，各个模块都承载了不同的功能。社区LOGO 下会有一条励志标语，这条标语每天定时更新，每一个拥有小米账号的人都可以通过点赞的方式来表达对家的支持和对标语的认同。例如"小时候，幸福是很简单的事；长大了，简单是很幸福的事情"。

2）小米论坛——老用户的家

"泡论坛"在现在的人们眼里已经似乎是件比较久远的事情了，相较之下，"刷微博"也许更时尚一些。但是小米联合创始人黎万强曾比喻："微博是广场，而论坛是俱乐部。"从亲密关系的角度来看，论坛无疑是更适合"米粉"联络感情的选择。

为了与米粉保持紧密的联系，也为了保证能有效收集米粉的意见和建议，小米专门开设了一个小米论坛。米粉们可以在其中尽情地交流、提出问题、发表意见。无论是对小米产品好的体验心得，还是在使用过程中遇到的问题，都可以在小米论坛中发表。雷军也会时不时地对米粉在论坛中提出的问题给予解答。

小米手机论坛，是小米官网下的小米手机社区，拥有大量米粉原创的小米手机评测、小米手机图片、小米手机价格等内容。小米做论坛的方向是用户俱乐部，小米论坛是老用户的家。从 2010 年 8 月 16 日小米论坛起步至今，论坛用户已经超过 2 000 万，总发帖量超过 2 亿条，论坛程序不断改进和完善。小米论坛作为用户参与产品开发最重要的平台，从版面到内容都在不断创新和试错中改进。其论坛用户构成如图 6 - 1 所示。

3）全国米粉线下活动发布平台——同城会

除了线上的论坛是米粉们的家，线下的同城会也是米粉聚集的好平台。小米同城会目前覆盖了 34 个省级地区（含港、澳、台），还设有海外分会。来自小米西安同城会的同城会民间会长费建新表示："和米粉做朋友。每次做活动大家都

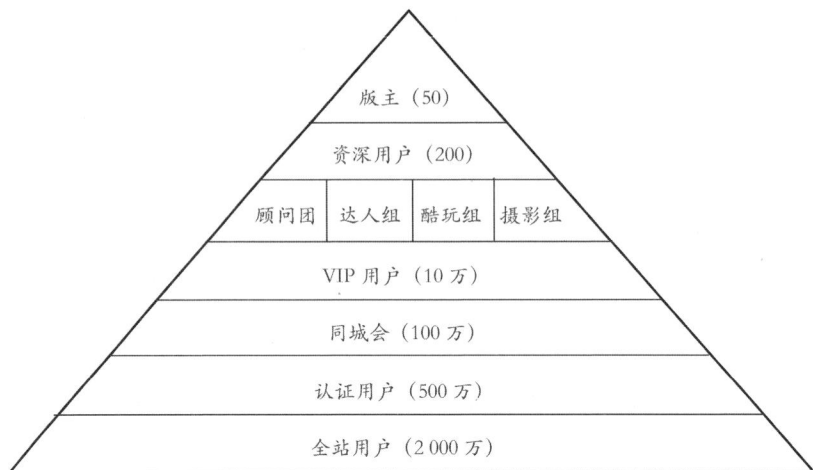

图 6-1 小米论坛的用户构成

玩得很开心。米粉脸上露出灿烂的笑容就是我最大的收获。"同城会组织的活动种类多样且有一定规模,定期还会策划公益活动做志愿服务。

4)高校兴趣交流分享平台——校园俱乐部

小米校园俱乐部是由各高校的学生米粉牵头在校园内组建的供同学交流、活动及分享的平台。俱乐部的部长们负责聚集本校对小米喜爱和感兴趣的同学,让他们通过小米校园俱乐部这个平台相互交流,结交好友,同时提升小米在本校的影响力。

小米校园俱乐部的宣言是"让你的青春多一个玩法!"在校园俱乐部,米粉们不但可以提高组织、管理与沟通能力,还可以找到与他们一样志同道合的同学。粉丝之间的距离就这样拉近了,校园俱乐部就是米粉中在校学生的"亲社区"。此外,小米社区还有"酷玩帮""随手拍""小米学院"等精彩的分类平台,这便利了同在一个社区的米粉们随时分享生活中的乐趣、知识和感动,使米粉真正成为朋友甚至亲人。

5)小米之家——线下互动平台

小米之家是小米公司成立的直营客户服务中心,为广大米粉提供小米手机及其配件自提、小米手机的售后维修及技术支持等服务,是小米粉丝的交流场所。小米之家从 2011 年下半年开始建设,11 月底前完成开放,小米已经在北京、上海、广州、深圳、南京、成都、武汉、珠海、郑州、长沙、无锡、东莞、济南、大连同时开业,在贵阳、厦门、青岛、沈阳、石家庄、唐山、宁波、苏州部署小米之家服务站。2017 年,国内有超过 200 家的小米之家开业,截至 2018 年 12 月 31 日,中国大陆已有 586 个小米之家,合计共设立了 1 378 家授权店,还难以撼动竞争对手 OPPO、VIVO 在线下竞争优势。小米 CEO 雷军曾经公布过小米之家的数据:小米之家门店平均在 200 平方米左右,年均营业额在 6 500 万到 7 000 万之间,坪效一年达 27 万元。

2. 小米与用户的互动

小米的主打产品是手机,但其宣称为移动互联网公司。因为小米在所有的环节中,包括研发、测试、发布、营销、售后等,无一不在极力打造用户的参与感,做到真正的移动互联,因而造就了小米公司今日的辉煌。

1)小米→用户

小米在构建用户的参与感时,把做产品、做服务、做品牌、做销售的过程开放,让用户参与进来,建立一个可触碰、可拥有且和用户共同成长的品牌。通过打造人性化的信道,与用户进行产品、服务等的情感性互动,小米与用户的关系变得简单可触。其典型的互动活动及其效果如表 6-5 所示。

表 6-5　在小米"参与感三三法则"下,小米与用户互动活动及其效果

互动项目	开放参与节点	设计互动方式	扩散口碑事件	参与用户	活动周期	参与人数
橙色星期五	MIUI 产品需求、产品测试;MIUI 产品发布	论坛讨论;每周五更新;荣誉开发组;开发版和稳定版	成功升级分享;四格体验报告;每周功能和公告;《100 个梦想的赞助商》微电影	MIUI 开发版用户	每周	百万
红色星期二	小米网购买	预约,抢购	每次开放购买结果公布;预约分享;晒单赢免单	购买手机用户	每周	百万
爆米花	线下活动地址选择;设计现场活动内容	论坛投票;论坛上传活动方案;各地同城会	现场微博分享;年度爆米花盛典;爆米花杂志	小米论坛活跃用户	每月	万人

（续表）

互动项目	开放参与节点	设计互动方式	扩散口碑事件	参与用户	活动周期	参与人数
红米手机	在线首发	猜猜发布什么产品；转发即预约	红米750万人预约事件传播	QQ空间的用户	一次性	千万
《我们的时代》广告	在线首映	点赞领礼品；制作个性宣言	个性宣言的微博分享；广告片创作故事传播	互联网用户	一次性	百万
小米服务点滴系统	收集服务改进创意	内部点滴系统提交、审核	全员公告与奖励	小米服务体系员工	每天	千人
小米开放日	工厂生产；物流发货；小米之家现场服务	现场观看手动发货	自媒体传播	媒体人、资深用户	每季度	百人

资料来源：根据网上资料整理

（1）开放参与节点，你我共同创造。

小米内部建立了一套依靠用户的反馈来改进产品的系统，工作驱动真真切切的均来自用户的反馈。有不少企业都限制研发部门和外界接触，然而MIUI起步之初，小米工程师们就被要求养成泡论坛接触用户的习惯，在小米泡论坛就是工作，用户和内部开发组反馈的问题以相同级别去对待。小米搭建了一个让一线产品经理和开发工程师面对用户的平台，这样才能抓住用户真正需要什么，开发团队面对的不再只是冷冰的数据报表，用户面对的也不是单调的更新日志。

MIUI论坛做到了畅所欲言、有问必答，充分尊重每一位用户。MIUI团队在新功能的构思阶段，会在论坛发帖征询用户的意见，由用户做出最终选择。同时，还会定期举办较大规模的与发烧友面对面的线下交流活动，进行深度交流。

正是由于MIUI团队没有忽视任何一条用户反馈，一项又一项创新的、经反复测试的、完善的功能或体验才随着每周迭代更新不断发送给用户。另外，小米设置了爆米花奖，由用户投票选出最好功能，直接决定员工的奖励。小米真正做到了拉近与用户的距离，聆听用户的声音，相信用户的直觉，尊重用户的意见。

（2）设计互动方式，让米粉成为明星。

对于小米发烧友来说，小米手机的可玩性很高，值得交流和炫耀的地方很多，所以小米模仿车友会的形式为喜欢玩小米手机的用户搭建了一个展示自己，认识新朋友的沟通交流平台——"爆米花"。"爆米花"活动体系包括了小米官方每年组织的几十场见面会，用户自发组织的五百多场同城会，以及每年年底的"爆米花年度盛典"。参与感的顶点就是成为明星，在欢乐的年度盛典上，小米铺上了红毯，设计 T 型舞台，通过社区几百万米粉选出几十位代表性资深米粉，为他们制作专门 VCR，请他们走红毯，领取一份属于自己的"金米兔"奖杯。此外小米还做了《爆米花》杂志，让米粉成为时尚封面的主角。参与感在"爆米花"活动中被推向了顶峰。

小米与很多传统的品牌不同是，无论是线上还是线下，都在想着让用户参与进来，和小米团队一起，成为产品改进、品牌传播的"大明星"。

2）用户 → 小米

通过信息的互动，信任的构建，小米与用户两个节点的距离达到了最短，强度达到最强。小米把用户当朋友，为用户输出个性化情感性信息，提供人性化的产品和服务，用户也会回报以爱，反馈以情感。

（1）小米加油。

有这么一件事，那本是一个小米承诺供货的日子，但由于泰国突发洪水手机电池供货延误导致承诺没有兑现，小米论坛铺天盖地的都是用户的骂声。但这时，小米收到小米早期用户 Leo 发来的微博私信，说做了个东西希望小米挺住，这是一段发在小米论坛的视频，全国各地的用户在视频里喊出了四个字"小米加油"。

（2）真正的"小米手机"。

这是一部真正用小米做出的"手机"，黎万强不止一次跟别人说，在这部"手机"面前，已经生产出的几千万台手机恐怕都是山寨的。这只手机，是一位小米用户用真正的谷物小米，粘出来的一只小米手机的模型。情深义重，在诚挚的感情面前，任何东西恐怕都会黯然失色，顿失光泽。

（3）共筑爱心墙。

在广州的小米之家有一面很有爱的照片墙，上面贴满了各种关于小米的照片，其中不乏小米员工与用户互动的照片，用户们在这里留下了许多感动而精彩的瞬间。一位受访的员工姐姐特意介绍了她和一位老奶奶的合照。奶奶只是一个普通的来受理业务的用户，当时，员工正在贴照片墙，设计了很久也贴不好，奶奶看到她很苦恼就问她在干什么。员工说:"我想摆一个家,让你们能感受到家的温暖。"然后老奶奶就去帮助她,贴了1个小时终于完成了照片墙的布置。所以就留下了这张照片。米家是个有爱的地方,有米粉支持和帮助的地方。

小米通过打造人性化的通道,为用户提供情感性的信息输出,做出有爱的产品和服务。用户同样也会回报以爱。用户和小米的关系不是买与卖的关系,而是用户深入参与到小米的成长过程中,进行人性化的互动,反馈情感化的信息,与小米建立了深厚的感情。

在这种双向的情感性输出中,双方都得到了人性化的反馈,双方的关系链更加牢固。

6.3　小米的核心竞争优势

小米的核心竞争优势,可用雷军在小米内部反复讲的话总结,具体如下:

1. 小米的核心竞争优势是米粉文化,就是和用户交朋友

其实和用户做朋友是件挺难的事。很多人永远想的营销方法都是怎么把东西更贵地卖给消费者,这样的用户都是敌人怎么会是朋友? 把他口袋里面的钱放到你的口袋就是"抢"。所以怎么样能和用户交朋友,是小米所有业务展开的基础。

2. 做感动人心、价格厚道的好产品

当高品质、高性价比植入消费者的印象以后,用户觉得在小米买什么东西都不是要钱的,现在小米之家都是像超市一样摆着筐的,很多人都是拿着筐买东西。

小米模式的核心是获取用户的信任。小米的观念是把产品做好做便宜,让用户不要思考,买东西的时候不看价钱,这样的销售效率才能做到最高。如果用户要是说你有的毛利高、有的毛利低,要去挑,这就是普通商场的做法。在小米买任何东西都不需要挑,任何东西都是超值的。如果小米做到了这件事,小米的商业模式就是第一的,就是顶级信誉! 其实这是小米向美国的 Costco 学习的结果。很多人在 Costco 买东西是不看价钱的。想一想如果做生意,用户不看价钱这意味着什么? 这是经商的最高境界。小米要把生意做到用户不需要看价钱,这是用户对你的信任,这就是商业上最大的成功。

3. 实业＋投资,用生态链完善产品组合

小米生态链部门加上小米公司自己的投资部一共投资了 200 多家公司,覆

盖面可能远超大家的想象。雷军的观点是自己能不干的就不干,因为小米的业务极为复杂,永远要强调专注、简单。

小米生态链业务发展的历程可以比喻为"大船到舰队"。2014 年初联合创始人刘德带着十几个人建立了生态链部门,陆续做了各种产品。现在手环做到了世界第一,空气净化器在 2016 年做到了中国第一,实际上也是世界第一。平衡车是世界第一,充电宝是世界第一,扫地机器人也是世界第一。

小米整个公司获得了 145 项工业设计大奖,包括小米手机、电视、盒子、音箱在内。雷军认为好产品也是要好在设计,在小米 8 个创始人里面,刘德是 Art Center College of Design 毕业的,之前担任过北京科技大学工业设计系主任。在组建小米之初,雷军认为中国产品要改变设计,以前大家认为质量是功能上的品质,其实感受上的品质也很重要。现在顾客去了小米之家,就知道今天中国制造业设计出来的东西都是世界顶级的,每天都吸引了很多外国人来小米之家"海淘"。

小米之家从 2016 年 2 月份开了第一家,到 2017 年 8 月份开了 156 家,2018 年底开了 586 家。目前开一家火一家,坪效非常惊人,仅次于苹果,居世界第二。小米是用和用户交朋友这种理念持续地去思考如何提高效率,如何让用户有更好的购物体验。

周末去小米之家,每家都是人山人海。大家觉得零售业不行,其实是传统零售业不行,要想在零售业领域大有可为,关键是达到电商效率,并且与传统的零售业在展示和体验上的优势相结合。

小米之家的目标是 2019 年底开到 1 000 家,营业收入力争破 700 亿。目前一家店平均 200 平方米,平均营业额在 6 500 万到 7 000 万之间。

4. "铁人三项",系统性提升效率

铁人三项,即如下三项基本功:硬件＋新零售＋互联网。

在产品端,小米和小米生态链公司,制造出多品类产品,相比于传统公司,拥有更长、更复杂的产品线,这些产品中,既有高频消费产品,也有低频消费产品。

在渠道端,小米的这些产品组合通过线上的小米商城和线下的小米之家为主的渠道销售。这些销售渠道的特点是,"几乎零渠道成本、零广告成本,非常高效"。

在获得了大量用户之后,小米再通过互联网增值服务来获得收入。

通过布局生态链公司,小米在产品端有更丰富的产品品类。更丰富的产品品类可以增加用户到自有的小米商城和小米之家的购买频率。而因为渠道自建,渠道成本就更低。效率更高成本更低后就能获得更多用户。而有了更多用户,就可以在提供互联网增值服务上盈利。

6.4 基于移动社交网小米与用户互动及其创新分析

小米基于移动社交网与用户互动进行的创新有营销及其要素的创新包括用户创新、产品创新、定价创新、渠道创新以及促销创新,基于以上创新,因而带来其商业模式的创新。

6.4.1 用户创新

小米的用户创新主要体现在用户全过程参与小米的产品生产、研发、销售与促销上。

以下例子说明:小米有 10 万人在跟着做研发。

小米科技联合创始人黎万强曾说:"小米并不是卖产品,而是营造一种参与感。"他曾举例说,小米手机在每周五会在论坛上由用户来投票决定研发升级的方向,并称这个投票是"橙色星期五"。这个论坛每天都有 100 多万的访问量,且有接近 30 万个帖子产生。他计算过,当中的深度用户,起码有 10 万人。事实上,小米当初在启动项目时,黎万强就设想,能不能建立一支 10 万人的研发团队。大家一听,说"不可能"。后来,黎万强就和同事们说,公司刚开始的研发人员最多 100 个人,但是在外围,起码有 2 000 人可以当小米"荣誉开发"。"进一步参与研发的,还有我们的深度用户,相信肯定有 10 万人。"

6.4.2 产品创新

小米的产品创新,首先体现在其核心技术创新上。

1. 核心技术创新

2016 年小米在全球发布了全面屏手机小米 MIX,惊艳了全球。这款全陶瓷机身的手机屏占比达到了 91.3%。这种新手机设计形态被命名为"全面屏"。包括 2017 年的三星 GalaxyS8、iPhone8 都跟进了这种设计,整个行业都接受了"全面屏手机"这种定义。小米站到世界的巅峰,引领了整个技术的潮流。

小米 6 被用户高度认可的是:变焦双摄、拍人更美,小米在变焦双摄上比同行旗舰机要好很多。小米曾经找了一个公证处,认真做了小米 6 和另外两款同行旗舰手机的盲测,有 63% 的人觉得小米的手机好。其实不光是屏幕,小米还在包括芯片在内的一系列核心元器件方面招揽人才组建业内顶尖团队,投入巨大,下了苦功夫,实现了大量核心技术创新。截至 2017 年,小米已获得授权专利4 806 件,其中一半是国际专利。2016 年小米申请了 7 071 件专利,获得了 2 895项专利。在支撑产品技术创新不断涌现的同时,这些专利储备也为其未来进军欧美市场打下了良好的基础。2018 年上半年,华为、OPPO、VIVO、小米等中国手机市场四大巨头均上榜,OPPO 第五、华为第六、VIVO 第九、小米第十四。值得一提的是,小米终于从 2017 年的第 32 名,上升到前 20 名。

2. 为发烧而生——做"爆品"

小米手机自创始以来,就一直坚持"为发烧而生的"品牌理念。在产品策略上秉承高配置的硬件作为支撑,深度定制的软件为依靠,并采用服务一体化的用户体验,让消费者感受到小米手机的非凡体验。在硬件产品方面,小米以手机为基础,建立了一个全新的小米生态系统。采用以点带面的方式,多样化、整体化产品策略。如今小米公司的硬件产品包括小米手机、小米移动电源、小米音响、小米路由器等诸多数码配件及数码产品。在软件层面,小米公司也在加紧建设闭合的用户生态系统,现已成功建立了小米社区、小米商城、小米音乐等产品,在提高用户黏性、用户忠诚度上具有较好的效果。

产品策略的做"爆品"集中体现了雷军的"让用户尖叫"的理念,也体现了其致胜"七字诀"中的"极致",即把产品做到极致,超越用户的预期。产品规划阶段要有魄力只做一个,要做就要做到这个品类的市场第一。如果确定一个需求点是用户痛点,就死磕下去,不断地进行微创新,最终让用户尖叫。可能网友会奇怪为什么红米一代的产品代号叫"H2"而不是"H1"?原因是在一代工程机出来后,硬件流畅性不达标就取消了,这使得前期投入损失了近 4 000 万元。为了极致的体验,小米公司继续研发,直到满足要求的第二代出来后才正式发布,小米对用户的负责任可见一斑。

3. 产品开发模式——用户模式

对于处于不确定环境下的企业,"小步快跑,快速迭代"的产品开发方式是一种很好的选择,这与小米提倡的"专注、极致、口碑、快"不谋而合。而小米在产品开发阶段,既把客户当"产品经理",也当"体验评测员",设计了多种平台和工具多渠道收集和分析用户的反馈,既基于大数据进行分析,更看重用户的抱怨。抱怨的背后是需求。根据用户的最大痛点去判断到底什么方面要修正和提高,及时解决问题。这样,小米成功地将客户从"信息贡献者"转变为"过程参与者"。

小米走集大成路线。手机硬件的内部和外部设计都由小米团队完成,他们从用户体验出发进行设计,在易用性和个性化上重点发力。在手机新功能开发之前会通过论坛提前向用户透露一些想法,让用户投票选择需要什么样的产品,从而及时调整。小米如此广泛邀请客户参与产品设计,最后呈现出来的是适合不同用户的不同使用习惯的功能集大成产品。

4. 产品活动化

产品活动化是指要运用运营思维,把一些活动环节植入设计,成为产品的功能。比如 MIUI 的每周升级有两个有意思的设计:一个是升级公告会每周有视频教程,点击看完视频可以到论坛上交流;另一个是系统升级重启后小米会有消息引导去微博分享最新版本的体验。这样的设计让用户更好地参与进来,彼此交流成为朋友。

传统的产品创新过程是公司的内部行为,与用户之间有明显的"墙"。另外,产品创新的各阶段往往分别由不同部门完成,部门之间也有"墙"。这种封闭性强,周期长,成本高的方式在如今高度开放的互联网时代显然行不通。小米成功打破了这一堵堵墙,实现了各个信息节点的平等又直接的连接,实现了人性化的信息传递。小米也因此走向了米粉,走向了朋友。

小米无缝开放式创新体现在如下几点:

(1)不仅创新思路来自客户和外部人员,而且整个产品开发团队在产品开发各阶段和客户无缝合作。

(2)小米把领先客户线上线下组织起来,让他们用自己的方式为小米贡献,并从中实现自己的价值。

(3)创新过程采用小团队,每个创新步骤无缝对接,迭代开发,循环往复,速度快,容错性较好。

(4)充分利用互联网生态环境和最新社交媒体工具,聚焦互联网新生代客户群的生活方式。

5. 小米产品用户开发平台

小米公司通过建立小米产品用户开发平台,让用户深度参与小米产品的开发过程,同时精准分析大数据,实现了快速试错和迭代更新。

小米论坛。小米公司通过建立小米论坛作为其用户参与产品开发的平台。论坛由 6 个子版块构成,分别是官方专区、产品专区、玩机综合区、我是米粉以及服务专区。其中,产品专区涵盖了小米公司推出的智能产品,玩机综合区则是分享产品最新消息,讨论产品使用技巧,传播产品未来趋势以及下载相关资源为主的综合版块。

互动模式。小米公司重点与论坛用户开展紧密互动,双方形成了共生关系。一方面,为培养领先用户,小米为用户提供了产品知识的相关培训,MIUI 的开发包让用户一起学习和尝试;另一方面,工程师每天在论坛上与用户直接沟通互动,将用户反映的问题与需求及时反馈。此外,用户在产品专区、玩机综合区也有大量交流。小米论坛还设置了投票模块,供用户针对需要及时改善的产品需求或痛点进行投票。公司每年会举办产品设计大赛,包括产品概念甄选、产品功能定制和产品细节设计。在新品上市前,会举办 1 元公测,只要用户递交申请,就有机会支付 1 元获得测试产品。但用户必须在规定时间内,在论坛相应版块递交新品使用体验或测试报告。在新品销售后,工程师就会在该产品版块发布置顶帖,征集用户反馈信息。

论坛管理体系与领先用户识别。小米论坛设置了多元化用户管理体系,涵盖用户等级制、头衔和勋章,用户通过积累积分提高等级,随着用户等级的提升,用户在小米论坛的权限也相应增加,如阅读权限、下载权限与评分。总之,纵深化的等级体系,吸引用户快速升级,精心经营论坛身份。同时,小米论坛还征集用户加入论坛管理团队。团队成员将被授予相关头衔,如技术团队、版主、建设者、兴趣组等。这些头衔将赋予用户一定的管理权力和福利,如活动参与、F 码和产品试用、组织同城会活动、小米公司实习等。作为回报,管理团队成员需履行相应的义务,包括管理论坛帖子、活跃论坛气氛、处理会员审核等问题。另外,勋章的意义在于奖励在某一领域有特殊贡献的用户,如"千帖达成"勋章是指发表主题帖超过千条的用户。总之,等级制、头衔和勋章不仅用于满足用户的精神需要,更是为了方便识别领先用户并留住他们。

小米的敏捷开发模式。小米公司供应产品基本按照每周固定批量销售,这就允许它基于用户意见快速调整和修正产品。超过 2 000 名工程师每天浏览小米论坛,收集用户需求和产品痛点,同时与用户共同解决问题。一旦他们发现一条合适的建议,在数小时后就可能出现在工程师的研发计划表中,几周后解决方案就可能体现在成品上。小米手机的大量功能、外观、特性都来源于用户的建议,且较多解决方法也由用户提出。手机操作系统 MIUI 系统以迭代式开发的形式定期发布两个版本:开发版和稳定版。每周五在线升级开发版,改正存在的问题,固化用户认可的部分,稳定版每月升级,经全球发烧友测试稳定后发布。此外,小米公司还通过深入挖掘论坛用户交互数据,分析新产品研发方向,并精准定位。

6.4.3 服务创新

小米的服务创新,表现在如下方面:

1.服务理念上的创新

1)客户至上

无论是换位思考,还是客户至上,这些都是很好的服务理念。雷军曾多次提到,小米就是要向同仁堂、海底捞、招商银行这些有口皆碑的企业学习,借鉴其他家优秀的服务理念与方法,再根据小米用户的特点设计自己的服务理念。小米服务理念上的创新,从招聘到培训就开始植入。小米在设计知识库信息提示的环节时,会把每一个流程用图片展示并采用模拟器技术,员工看图就知道出现这个页面该说什么做什么,使信息传递变得有立体感,更直观快速、更有效地支持员工和用户沟通。

2)"全民服务"

小米企业文化强调"全民客服",一方面从产品设计到市场营销方案,再到服务策略、服务体系建设,小米的"全民服务"早已深入团队内部。即从创始人开始,所有管理者都亲自参与客户问题的解答,通过论坛和微博上的交互来帮助用户。也因为自上而下的重视,服务型的小米,创造出大服务体系。雷军经常在凌晨回到微博下面回复用户的留言,老板以身作则在意用户的需求。

3)小米客服的"神回复"

小米客服在运营管理上对员工充分释放沟通的灵活度,不光释放心态,还释放思维意识。小米在招聘时会尽可能选择知道小米产品、喜欢小米产品的"米粉"加入。因为他们会更加感同身受、真正地切中用户需求。

2.绩效设置:弱KPI的团队管理

小米内部一直是提倡和推崇"用户思维""产品经理文化"。这样的文化也辐射和影响到客户服务中心的核心表现应该是"弱KPI"。

具体来说,就是去繁从简,只关注一到两项核心指标,其他指标让员工统统"忘记"。因为指标越多对于员工来说就越不容易分清重点,越有一种被限制、被不信任的感觉。因此,"弱KPI"的团队管理旨在给员工更多的空间,让他们学会独立思考、自主地解决工作中的问题。小米客服中心总负责人杨京津曾说:"要始终相信员工,管理的本质其实就是推动善的循环。"

3.小米用户服务渠道上的创新

小米用户服务体系是线上线下结合的多渠道立体体系。

一是客服体系。小米目前拥有 1 300＋座席，3 000 人的客户服务团队，实行 7×24 小时服务，并同时服务 8 个国家和地区，已成为手机行业最大规模的客服中心。自 2010 年小米公司客服中心初建到今天，小米客服早已成为业界标杆。

二是社交媒体渠道。小米目前已经有了小米论坛、小米微博、小米微信、小米热线、小米在线、小米邮箱。小米论坛是这种服务创新的大本营，微博、微信等都有客服的职能。小米在微博客服上有个规定：15 分钟快速响应。为此，还专门开发了一个客服平台做专门的处理。特别是微博上，不管是用户的建议还是吐槽，很快就有小米的人员进行回复和解答，很多用户倍感惊讶。

三是线下的小米之家等。

总之，客户在哪里，小米客服的服务就跟随到哪里。目前，小米一线客服中过半是在线客服。在移动社交网时代，应该以用户喜欢的方式，利用用户碎片化的时间来实现高效的客户服务。而这种一对多的服务模式，大幅度地降低了通信和运营成本。

6.4.4　定价创新

1. 小米的定价——高性价比

雷军当时选择进入手机市场时，恰逢国内新一轮的换机潮，大批量的消费者有换手机的需求（功能机换智能机）。当时有大量的山寨机，它们价格虽低，但体验太差，满足不了用户的预期；而另一个选择苹果手机，市场价格却太高，令很多人望而却步，这时候小米的机会来了。

2011 年 8 月 16 日是小米手机的发布会。作为首款全球 1.5G 双核处理器，搭配 1G 内存，以及板载 4G 存储空间，最高支持 32G 存储卡的扩展，超强的配置，却仅售 1 999 元，让人为之一震。1 999 元就能够买到相当不错的智能手机，这对消费者来讲是一种很大的诱惑，小米手机第一次网上销售被一抢而空，更能说明高性价比对消费者的诱惑，这对小米手机提高市场占有率有很大的优势。

2. 小米高性价比的原因

小米的高性价比，主要来自：

1）删减了中间渠道，降低了成本

小米选择了以互联网做手机，其销售方式的改变使得小米手机成本结构发生了翻天覆地的变化，这是小米手机能做到成本定价的核心原因之一。在过去：“手机成本＝生产成本＋渠道流通成本＋广告成本＋门店利润”。而近 10 年来，线上电子商务渠道的迅速崛起，使得小米可以直接去掉原有的三大块成本：渠道流通成本、营销成本及门店利润。在诺基亚时代,铺设线下直营门店或建立层层分销的销售网络,要分给渠道和门店很大一部分利润空间,而小米选择自建商城,直接去掉了这两大块成本。与此同时,新媒体迅速火爆(微博),通过创始人雷军等一系列的自媒体营销,极大地压缩了产品的市场营销成本,使得小米手机能做到"手机成本=生产成本",可以以成本价出售,低价迅速占领市场。

2)"剃刀与刀片"定价模式

小米采用的是经典"剃刀与刀片"定价模式指基本产品的价格较低,甚至处于亏损状态出售,而与之相关的消耗品或者服务的价格则较为昂贵,是一种可以充分为厂家赚取利润的定价模式。这种定价模式最初由19世纪末的吉列公司所采用,现在被大量应用于可以拆分为基本产品和消耗件的产品销售之上。该模式的最大优势在于将原来用户需要承担的风险转变为了由企业承担,用户不再需要为一个未知的产品或服务支付高昂的费用,而是由企业去通过历史数据分析的形式来测算低价或免费给用户提供产品后,用户是否会为后续的增值服务买单。

利润结构的改变是支撑小米手机可以对基础产品以成本进行定价的底气之一,小米科技的核心创始团队原来是从事互联网行业的,中国的互联网产品大多都是先提供免费服务,以此获取海量市场,之后再通过其他的增值服务进行盈利,也就是小米常说的"羊毛出在猪身上",雷军把这个打法拷贝到了小米身上。移动互联网的来临,手机不再只是一个打电话的硬件了,它变成了软件服务的入口,MIUI、移动商店、各类预装软件……这里蕴含着全新的利润空间。

过去,手机利润=硬件销售利润;而现在,手机利润=硬件销售利润+软件服务利润。

大部分的中国消费者对价格还是相当敏感的,通过低价打入市场的小米手机横空出世,便备受消费者喜欢,迅速地攻城略地,出货量在短短几年内就迅速地攀升到数千万级别。即使是今天,回溯小米历史,人们也会感叹雷军当年独到的眼光与魄力,他对移动互联网大潮的精准判断、对行业本质的洞察,是独一无二的。

3)口碑传播,减少营销成本

"参与感三三法则"是小米不花广告,但做出一个千亿级品牌的核武器。

社交网络的建立是基于人与人之间的信任关系,信息的流动是信任的传递。企业建立的用户关系信任度越高,口碑传播越广。做企业就像做人一样,朋友才会真心去为你传播、维护你的口碑,朋友是信任度最强的用户关系。小米的用户关系指导思想就是和用户做朋友。一个企业想拥有好口碑,好产品就是口碑的发动机,是所有基础的基础。产品品质是 1,品牌营销都是它身后的 0,没有前者全无意义。而如果产品给力,哪怕营销做得差一点,也不会太难看。小米营销是口碑传播,口碑本源是产品。所以基于产品的卖点和如何表达卖点的基本素材是传播的生命线。

小米启动第一个项目 MIUI 时,做到了不花一分钱获得 100 万用户,方法就是抓口碑。因为要通过零成本让大家主动称赞并向身边的人推荐你的产品,就只得专心把产品和服务做好。小米作为创新品牌,没有钱,没有媒介,没有广告投放,只能死磕媒体。

以下面几个事件为例说明。

(1)电商买手机。

小米刚成立时,小米就考虑不开实体店,而是自己做电商。这是从长远角度考虑,因为小米量做大以后,自身需要很大流量,而且要做自主品牌,如果到第三方平台,后路可能被拦死。2011 年决定开始做手机和小米网,雷军否定了"利用 3 000 万路牌"进行市场推广的方案,他希望小米靠口碑来做产品,在不做广告的情况下,小米只好逼自己做新媒体。

2011 年 8 月小米要发布手机,之前没有做过任何市场宣传,都在做 MIUI 的研发。当时发布手机时,第一台手机不是从仓库发出,而是在小米办公室发出,当时整个仓库就设在会议室,角落里都是包装盒。9 月发出第一批工程机,10 月租用凡客一千平方米仓库,当时小米认为每天能发出一千单就不错,但 9 月 5 日第一次预定就拿下 30 万订单。其他电商一两年做出的成绩,小米只用了 6 个月。

(2)微博卖萌,顺利卖出 15 万台小米青春版。

2011 年 8 月小米双核 1.5GHz 一代发布,2012 年 5 月双核 1.2GHz 青春版发布。当时高通突然升级了平台,为了抢占这个制高点,小米决定把原定"一代"的青春版放在仓库里,因此留下了 17 万台库存。

小米一代发布半年之后,小米团队打算清理 17 万台的库存。为了顺利卖出 17 万台,小米团队在微博上做了线上首发,当时引起巨大轰动。其中一个最关键因素是:小米团队 7 个合伙人集体卖萌,拍了一张向《那些年我们一起追过的女孩》致敬的海报。与此同时,小米团队还在中央美术学院的宿舍里拍了一个关于青春的短片。最终,顺利卖出 15 万台小米青春版手机。

(3)"我是手机控"线上的免费推广。

　　小米刚做电商时,由于不能花钱,黎万强团队拼命在论坛和微博上想办法。一开始,他们选择熟悉的论坛进行操作,论坛的最大特点是能沉淀老用户,但它在用户群扩散方面速度比较慢。当时微博刚刚兴起,黎万强认为微博是论坛的一个很好的补充。这样倒逼他们好好研究微博的玩法。

　　2011 年 7 月小米刚刚宣布要做手机,虽然小米已有 50 万的 MIUI 用户,但是整个市场对小米几乎还是一无所知。2011 年 8 月,小米在微博上做了第一个活动"我是手机控",没有花一分钱推广,当天晚上上线,一下子转发就突破了 10 万次。这个活动在很短的时间就有 100 万用户参与,大家都争相来炫耀我至今玩过哪些手机,整理自己的玩机经历。这就让更多用户还没有见到小米手机,就先对小米的品牌有认知。

　　4)用户参与设计,减少设计师成本

　　项目组建的时候,有时候会发现这个设计师的水平很高,但是设计出来的东西总是找不对点,华而不实。这个问题的关键是不懂用户就没有设计。所以,在小米内部会要求员工全员去泡论坛、发微博,不断跟用户交流,倾听用户的声音,让用户参与产品、营销的设计,是小米商业模式的基础。

　　小米内部讲忘掉 KPI,实行弱 KPI,这个背后是以用户反馈来驱动开发,快速响应。比如小米 MIUI 的开发,MIUI 的设计师、工程师内部全部泡论坛,他们每周快速根据用户的意见来迭代。甚至内部奖励,全部依靠用户票选出来,大家公认的好设计才是好。这种力量是循环互动的,当很认真地对待用户的时候,用户也会用心反馈。

　　小米公司开创了在互联网上打造手机品牌的先河,其研发与测试均让发烧友参与,使得一项项符合国人使用习惯的创新应用在小米手机上得以体现。测试过程中,小米公司在米聊论坛里设立了一个"荣誉开发组",从论坛里的几万人中选出大概 250 个极其活跃的用户,与小米内部人员同时对新版手机进行测试,一经发现问题则及时修改。小米公司正是通过采用这种方法,有效地借助外部力量,把烦琐的测试环节简化了。这种独特的研发模式不仅吸引了群众的眼球,受到发烧友的狂热追求,而且能通过网络更好地与"粉丝"互动,培养了用户的忠诚度,使得小米手机在网络上迅速蹿红。

　　用户参与设计能够设计出最符合用户需求的产品,减少了不必要的调研、反复修改和试错的成本,因此可以优化设计师的整体成本。

　　5)以用户需求为导向设计产品,降低存货成本

　　小米让产品研发过程更加开放,用户可以更好地参与其中,小米设计了"橙

色星期五"互联网开发模式,以一周为一个固定的迭代开发周期。每周二 MIUI 团队会让用户提交四格体验报告,对于用户喜欢哪些功能,觉得哪些功能不够好需要改进,进行汇总。周一至周三进行系统开发,周四内部测试,周五发布更新后的 MIUI 系统,周而复始地进行开发升级。除工程代码部分,其他产品需求、测试、发布,都面向用户开放。企业根据用户意见迭代升级,同时用户对产品和功能的需求也能得到满足,进而实现双赢。通过论坛收集产品需求,减少了开发成本,收获了口碑和粉丝。MIUI 的团队核心是 100 多名工程师,核心边缘是 1 000 个从论坛筛选出来的荣誉内测组成员,而 10 万个热衷于产品功能改进的活跃用户组成了一个巨大的互联网开发团队。小米以用户需求为导向设计的产品,可以有效降低库存,进而降低成本。

6.4.5　渠道创新

1. 线上渠道

小米网在互联网上采取专卖店的模式,或称之为品牌电商。小米手机最主要的销售渠道是其小米官方商城,运用互联网销售模式,省去了中间渠道以及门店费用,从而降低了销售成本。小米公司与电信、移动和联通三大运营商合作,发售运营商绑定机。通过授权京东商城、天猫商城和一号店等线上电商平台,开拓电商运营渠道,提高关注度,提高销量。小米公司还与苏宁电器建立起了战略伙伴关系,通过苏宁线下实体销售渠道,满足消费者的购机需求。公司还与多家快递公司进行合作安全寄运货物。另外,小米还联合上游硬件供应商高通公司,制造业巨头富士康公司等行业巨头,解决了手机产能跟不上市场需求的困扰,这也是小米手机营销渠道取得成功的重要原因之一。

2. 开通线下渠道——大城市用"小米之家"

小米之家是线下体验店,是实现良好的体验营销、场景营销、服务营销的场所。

小米之家也经历了三个升级阶段:社区店、写字楼、商圈中心。

2011 年,小米之家正式成立,那时的店在小区里,只是开放一些手机的售后服务、维修与形象展示功能,这也是它的 1.0 时代。随着顾客的增多,小米从社区转向写字楼,相比 1.0 的店面,它丰富了线下产品,除了售后服务以外,又增加了线下手机体验的功能,但型号并不多。

2015 年,小米之家决定大力开展各城市的商圈中心,进驻大型商业综合体,在北京当代商城店试水之后,便在一年之内,快速拓展至近 20 家门店,这也标志着它进入了小米之家的 3.0 时代。这次的店面升级,对于小米来说,有两大突破:第一,产品增设了线上的其他产品,比如电饭煲、平衡车、电视等。第二,3.0 的小米之家只选择进驻大型的商场和热门商圈。

2016 年 2 月,小米尝试着从线上走到线下,开始布局线下渠道。雷军认为,互联网的优势在于高效,因此提升门店效率是传统企业保卫零售店非常关键的手段。开通线下渠道意味着成本的上升,成本上升就要给小米手机提价。这与小米一直坚持的"高品质高性价比"的初衷相悖。而"小米之家"面积不大,但是体验很好,建在大城市比较繁华的地段,费用率现在 8% 左右,而此前中国零售店最好的坪效大概是 1.2 万元人民币,小米做到这个效率的 20 倍。

以广州的高德置地店为例:380 平方米的面积,分为三大产品区域——手机、电器、配件。其中,货架上摆放的是配件类产品,桌子上展示的是手机与小米平板。

除了这些,小米之家还配备了其他的大型家电类产品:小米电视、空气净化器、电饭煲、平衡车、体重器等,对于小型的电子产品,顾客线下体验后,即可线下在店内支付,而对于大型电器,无论是线上线下用户,都可在体验后支付购买,然后物流上门送货。这种模式也是为了避免货品多次流转的短板。

"小米直播"这个 App 主要是服务小米之家线下体验店的,小米希望通过这款 App,可以将线上的用户引流到线下。在小米之家,店员每天都在 App 上向线上用户展示产品的操作和用法。比如,新款手机的现场功能介绍,大型电器的使用和特点介绍,店面产品的风格展示以及线下活动的现场直播等。这样的方式既能活跃线上用户的社交气氛,同时又能为小米产品做出一定的品牌宣传。

3. 开通线下渠道——县城用"小米小店"

小米之家都建立在大城市,属于旗舰店,能够满足大城市粉丝们的购机需求。显然这样的旗舰店是无法建立到城镇的,那里没有那么多人。那三线四线城市怎么办?县城和乡下怎么办?渠道如何下沉?答案很简单,发动群众的力量。雷军说:小米小店主要做县乡市场。

小米推出了"小米小店",采用加盟式,任何人都可以申请开通小米小店,小批量供货,禁止加价,根据订单量和销售量,小米会给小米小店店主额外的奖励。

线上,小米利用移动互联网进行手机的销售;线下,"小米之家+小米小店"相互结合,这无疑让小米在渠道上实现了创新。

6.4.6 促销创新

在促销方面,小米借助移动社交网实现极为成功的创新。从早期小米的组织架构上就能看到这种创新的组织保障,小米的新媒体团队有近百人,包括小米论坛 30 人,微博 30 人,微信 10 人,百度、QQ 空间 10 人等。具体的促销策略有饥饿营销、口碑营销、社交媒体营销和病毒营销,实现了不花广告费却能做出一个千亿级品牌,实现了促销创新。

1. 饥饿营销

小米公司之所以能迅速成功的重要原因之一就是其出神入化的促销策略——饥饿营销。小米公司的饥饿营销重点分为两步:

第一步,地毯式宣传,强力造势。传统公司造势大多通过新闻媒体、电视、广告等传统媒介进行宣传。而小米公司则主要通过微博,小米论坛等互联网媒介进行推广,并且通过积分奖励的方式,鼓励其忠实粉丝进行口碑宣传,扩大知名度。最后通过高调的产品发布会为品牌强力造势。

第二步,营造“供不应求”现象,通过限制出售手机控制市场,利用消费者“买不到才是最好的”心理因素,人为控制产量,以达到预计的供求关系。维持较高的产品售价和利润率,不断提高预订门槛,让消费者争先购买。就这样一步步完成产品控制,实现公司效益最大化。

除此之外,小米公司推出“手机以旧换新”业务,换新券允许用户购买任意小米手机或相关配件,在完好无损的情况下最高可抵价 1 240 元。以旧换新提高了用户使用产品的更新换代速度,促进了新产品的推广。

2. 口碑营销

通常来说,传统行业的品牌路径是,先砸知名度,再做美誉度,最后是提升忠诚度。而互联网企业由于产品即品牌,所以通常是先做美誉度,然后再做知名度。

作为移动互联网(社交网)公司的小米做品牌的思路是从忠诚度入手,在创业之初积聚了大量的极客,这些极客日后大多成为小米 4 论坛的版主,然后通过口碑传播不断加快的过程继续吸引更多的米粉,在达到足够的量级之后,知名度就水到渠成了。“漏斗模型”恰恰印证了这一过程,忠诚度极高的极客,成为维护小米用户集聚的重要基础。

3. 社交媒体营销

社交媒体营销是指企业利用社会化网络,如微信、QQ、微博、在线社区、论坛、百科或者其他互联网协作平台媒体来进行促销、公共关系和客户服务等的方式。消费者选择商品的决策心理,从功能式、品牌式,到时下流行的体验式发生着天翻地覆的变化,而小米为了拉近与消费者的距离,让用户有更深刻的体验,采取更人性化的方式,实行"参与式消费"。小米文化一以贯之,抓住了移动互联网本质—拉平等级,回归人性,把用户当朋友,取得了很好的效果。

移动互联网(社交网)的去中心化趋势,消灭了权威,消灭了信息不对称。企业与用户之间搭建了平等互动的信息通道,使得其营销效率提高,达到良好、快速的传播效果。以如下 3 个案例进行说明:

(1)"小米 2"微博营销案例。

国产手机"小米 2"从上市初经过大量的网络报道、微博转发营销迅速提高了产品知名度,使其成为当时最为火热的手机产品。

"♯小米手机 2 微博开卖♯转发疯狂送 20 台"这条微博被转发了 260 多万次。从 2012 年 12 月 19 日上午 9 点开始"转发送手机",小米即开始动用公司、产品、员工、粉丝后援团等微博账号带动转发,并集合新浪一系列官方微博账号联合转发等。瞬间就将每小时转发量带至 8 万次,且热度持续性较好。这 260 万次的转发中,主要分为三股势力。首先是"小米军团",主要是由小米公司各类官方微博、员工微博组成,其中不乏粉丝众多的大号,例如小米手机、小米公司、黎万强等。"小米军团"一共带来了 347 669 次转发,95 685 条评论。第二大势力则是"草根大号军团",主要由微博上知名的草根营销大号组成,例如冷笑话精选、微博搞笑排行榜、全球热门排行榜等。"草根大号军团"一共带来了 49 666 条转发,1 740 条评论。还有一股势力则来自"新浪军团",主要由新浪微博的各类官方大号构成,例如微博客服、微博 Android 客户端、手机微博等。"新浪军团"一共带来了 16 305 次转发,2 936 条评论。

在小米手机发售期间微博营销一直未曾停止过,几乎每次小米手机发售都伴随着一次转发微博送手机的活动,而且每次的微博转发和评论量都非常大,使小米手机销售期间都处于热门状态,而使小米 2 成功地成为当时几乎家喻户晓的产品。

(2)小米微信营销案例。

小米微信最初 100 万粉丝怎么来的?"我们是把其微信服务当成一个产品来运营的。"小米分管营销的副总裁黎万强表示。小米微信 2013 年 2 月开始运营。起初,小米通过新浪微博引粉丝到微信上来。小米的两个官方微博账号当时已经有 300 多万的粉丝。从理论上分析,应该会有相当一部分的小米微博用户关注其微信,但是实际上,用微博来推微信账号的效果并不理想。在 2014 年初的时候,新浪微博一度屏蔽了其上面的微信二维码链接,导致微博粉丝转微信的效果很一般。当时小米的微信粉丝中大约只有 10% 是来自新浪微博。

相比之下,小米有 50% 的粉丝来自其官方网站,另外又有 40% 的粉丝来自站内活动。真正让小米粉丝猛增的,是每周一次的小型活动,每月一次的大型活动。小米手机在本质上是一个电子商务的平台,它每周会有一次开放购买活动,每次活动的时候就会在官网上放微信的推广链接,以及微信二维码。据了解,通过官网发展粉丝效果非常之好,最多的时候一天可以发展 3～4 万个粉丝。小米每次微信活动之前一两天,都会提前在其微博账号、合作网站、小米论坛、小米官网上提前发布消息,告知活动详情,并在活动结束之后进行后续的传播。小米微信粉丝增长最多的一天是在 4 月 9 日米粉节的时候,那时小米在微信上展开了有奖抢答的活动,时间是当天下午 2 点到 4 点。

在这次活动期间,小米的微信后台总计收到 280 万条信息——过多的信息直接导致其微信后台崩溃,粉丝留言后无法参与抢答活动,导致活动失败。但这次活动却为小米带来了 14 万新粉丝,在活动开始前,小米的微信粉丝数是 51 万,活动结束后猛增到 65 万。与此类似的还有小米在 2014 年 3 月份举办的“非常 6+1”活动,这次为期三天的活动让小米猛增了 6.2 万名粉丝。在发展粉丝的同时,小米也会定期举行有奖活动来激活用户。例如关注小米微信即可以参与抽奖,抽中小米手机、小米盒子,或者可以不用排队优先就买到比较紧俏的机型,这些方法都很有效。

(3)小米论坛营销案例。

小米公司为吸引用户进入平台,运用多渠道引流方式沉淀用户。小米公司在其官网、微博、微信、QQ 空间等社交媒体宣传小米论坛。由于小米新品均实施饥饿营销,因供不应求,顾客经常无法获得产品购买资格,小米公司就在论坛上发布抢楼赢取 F 码(产品购买资格)活动。这种高频低投入的方法极大促进了用户进入小米论坛。截至 2014 年 11 月,超过 3 000 万用户注册了小米论坛,每日平均发帖量高达 22 万条。部分热衷于小米公司及其产品的用户,即“米粉”,他们的积极宣传也促进了小米论坛人气的提升。

6.4.7　商业模式创新

1. 小米模式

理解商业模式创新的本质是要搞清楚“小米是一家什么样的公司”。小米是手机公司,也是移动互联网公司,更是新零售公司。小米在移动互联网领域做了不少事情,达到很大规模,但也不能忽略小米另外的价值,从一家电商平台公司进化到新零售平台。

关于小米模式,小米只是给出了一个整合式的概念:独特且强大的"铁人三项"模式。铁人三项,指的是硬件、互联网服务和新零售,如图 6 - 2 所示。

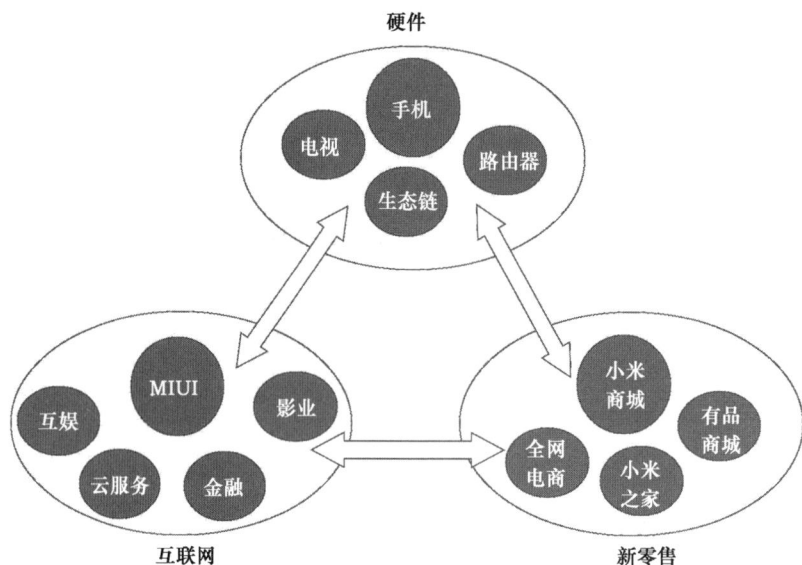

图 6 - 2　小米模式:铁人三项

从图 6 - 2,就更能理解小米所有的战略。小米手机做得好,带动了小米网的活跃度,小米网做起来以后,又销售了更多的手机给用户,然后在小米手机里预置了小米商城 App,简单讲就是爆品推动平台,平台又推动爆品,是一种良性互动的模式。

接着小米更大的战略突破是做了小米之家。小米之家是具备电商效率的线下零售店,每平方米的坪效是 27 万人民币,排在世界第二。这是小米在渠道上的巨大创新,就是可以用电商成本做线下零售店。

买手机是一个低频的行为,厂商打了大量的广告说服用户两年买一次,两年以后又需要再打大量的广告。那怎么解决这个问题呢? 它需要产品组合,为此小米发明了硬件生态链的打法,丰富完善产品组合,用一两百个产品粘住用户。

这个模型的缺点是什么呢? 太复杂,这需要经营者懂硬件、软件、IOT、零售等等,几乎是个"全能型"的模型,这对整个团队的要求非常高,执行难度非常大。全球有哪家公司既能做平台又能做硬件产品,还能做互联网? 寥寥无几。小米模式本身有着非常大的难度,在每一个维度上都有世界级的竞争对手,所以必须胜出。

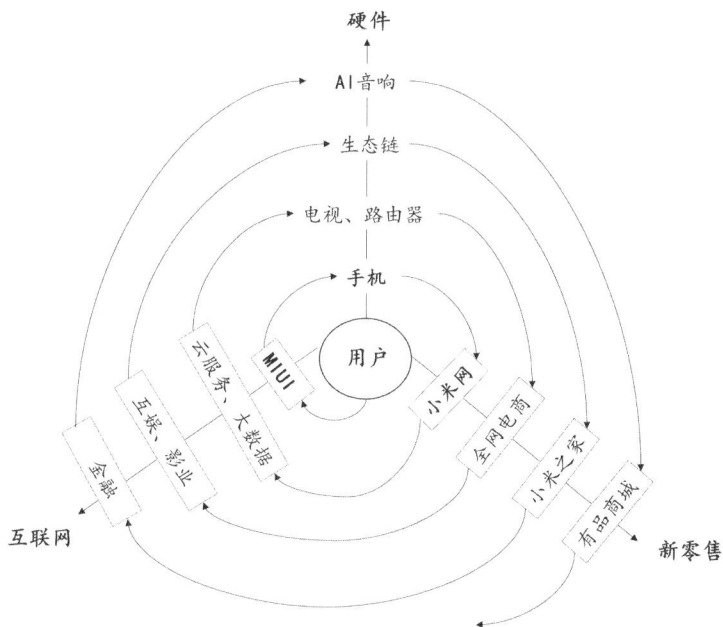

图 6-3　小米模式(旋风图)

图 6-3 是小米模式图,也叫旋风图,从图上可以清楚看出小米的各个业务都是环环相扣,循序渐进,持续升维。

最早小米先建起了小米社区,聚集了一批手机发烧友。随后做了 MIUI 操作系统,MIUI 发布之后又做了手机,然后做了小米网电商。电商成功后马上以巨大的决心做了云服务和大数据,然后马上渗透电视和路由器。其实电视也是小米最早准备做的,只是对产品要求太严苛,发布晚了几个月。做路由器是想做智能家居的中心,接着做了全网电商、互娱、生态链、小米之家、互联网金融和有品商城(原名叫"米家有品")。有品商城是以众筹筛选为主的全网精品电商平台,目前规模也已经很大了。有品商城有 2 万个 SKU、小米商城有 2 000 个 SKU、小米之家有 200 个 SKU。

2. 小米的商业模式要素分析

基于 Shafer、Johnson 和 Zott 等商业模式方面的理论,本文将从价值主张、价值创造和价值获取这三大方面讨论小米的商业模式,进而探讨该商业模式的创新点。对于企业而言,实现客户的价值主张是其出发点、总目标,价值创造是其过程、途径,价值获取是其最终归宿。3 个维度实现了价值的循环过程。

1)价值主张——为发烧而生

小米手机作为移动通信与移动互联网终端,将目标定位为具有很强接受能力、对互联网相对熟悉且经济基础较好的"发烧友",为其配置了满足"发烧友"需求的应用软件。可以说,正是小米手机的精准市场定位造就了小米公司今天的成功。

雷军自己是手机发烧友,用过70部手机,哪个手机好,哪个不好他半个小时就知道,所以雷军特别想为发烧友做手机。而小米定位于"为发烧而生"就是瞄着发烧手机来的。发烧手机是很狭窄的市场,可能很多人都质疑说:做发烧手机能卖出去吗? 能有量吗? 而事实证明大家低估了发烧友的力量,发烧友在每一个公司都是意见领袖,都是玩机高手,他们的意见起了决定性的作用。

小米成立之初,一个小米发烧友通知的帖子,在一个月里面被点击了597万次,有55.59万条回帖。仅仅小米论坛在流量排行榜上就有几百名,同时"米粉"自发组织的活动超过100场,其赞助和组织的不到十场,这就是"米粉"的力量。

2)价值创造

产品创新是企业价值创造的核心部分。小米认为用户不仅是产品使用者,也有能力和意愿参与产品创新过程并从中获得回报。因此,小米构建了一套寻找、管理、激励发烧友成为领先用户的机制,包括搭建互联网平台、推动自我管理的用户组织,并形成了一套让用户和员工互相激励的措施等,因此让用户从"产品使用者和反馈者"转为"产品创新的驱动者和过程参与者"。

关于小米"无缝开放式创新"模式,其要点是:

(1)开放众包,充分利用用户认知盈余:小米把用户当成产品创新的重要原动力,集聚了一个高质量的发烧友群体,建立相应平台和组织构架以实现产品创新团队与用户的无缝合作,不断从中挖掘和利用其价值,让用户在产品创新的每个阶段都起到重要作用,并从中找到满足感。

(2)迭代循环创新快速推出新产品:小米产品创新采用小团队完成一个小产品从策划到发布的全过程,实现全流程每个步骤的无缝对接和管理,迭代开发、循环往复,速度快、容错性较好、成本低。

(3)充分利用互联网生态环境:小米聚焦互联网新生代用户群的生活方式,充分利用互联网工具和平台,让产品设计、开发、测试、发布以至销售的过程都在互联网环境中高效而低成本地完成。

表 6 - 6　小米产品创新过程特征

过程 类别	产品策划	产品设计	产品开发	产品测试	产品发布
小米 战略	借助互联网,做软硬件高度结合的智能手机和其他终端,确立"为发烧而生"品牌战略	"让用户成为产品经理"。鼓励工程师与客户"交朋友"以便深切了解用户需求	"专注、极致、口碑、快"	充分放权、容错和风险控制机制、快速试错和转向	开发就是为了发布,发布就是为了反馈,反馈就是为了指导下一步的开发
用户 参与	将发烧友当成领先用户,邀请他们共同创造产品。用户通过小米论坛等网上平台向小米提供产品要求	用户有很多渠道给小米提建议,也可以评选最佳功能。核心用户参与每天发布的测试版软件的使用,以确定新功能的设计是否恰当	用户按自己的专业和时间许可志愿参与相关产品的开发。小米自己开发核心功能,一些非核心功能外包给粉丝来开发。小米也鼓励粉丝在 MIUI 平台上开发增值软件	设计工具,方便发烧友参与产品测试。构建用户管理体系,如"荣誉内测组""开发组"等	线下发布会精心准备,让参与者得到超值体验。线上产品发布针对不同的用户设计不同级别
评论	认识到用户不仅仅是传统的"产品使用者和反馈者",也是"产品创新的驱动者和过程参与者",也就是说,他们是引导产品创新的"原动力"而不仅仅是"选择力",利用互联网的各种最新平台吸引发烧友而成为领先用户,激励大量用户参与产品创新的每个步骤,实现公司开发团队和用户之间无缝对接,小团队完成从策划到发布的整个流程,快速迭代,循环往复,每个步骤之间进行无缝对接				

资料来源:根据网上资料整理

　　随着资源和要素不断地流动、配置,价值创造活动不断突破着企业边界。小米开放的价值创造过程是其商业模式成功的核心。下面从客户关系、营销模式、服务体系、合作伙伴 4 个维度对小米的价值创造过程进行剖析。

　　(1)客户关系。雷军指出,小米创业的这几年,已经充分验证了:将用户参与感作为核心理念,建立良好的客户关系,能够做出更好的产品。参与感融入了企业运营的各个环节,参与感之所以能够扩散,体现了信任背书,由弱用户关系转化为强用户关系,甚至每个用户、每个员工都会成为产品代言人。开放的参与节点和互动方式,使口碑传播发生裂变,越来越多的人参与进来。

（2）营销模式。小米的口号是"不是做广告，而是做自媒体"。企业自己做媒体的内容运营，发动用户产生内容。这样做不但节省了广告支出，而且拥有了由数千万用户构成的自媒体阵营，拉近了与用户之间的距离。社交媒体是开放互联网的产物，也是小米营销的主战场。目前主要有 4 个核心通道：微博、QQ 空间、微信、论坛，不同通道有着不同传播属性。此外，社交媒体实现了支付功能，小米手机在微博、微信、QQ 空间的预约发售都引起了很大轰动，实现了企业和社交媒体合作共赢的新模式。"红色星期二"也是小米营销模式的重要环节，每周二中午十二点开放购买上市三个月内供不应求的产品。小米式电商在销售环节构建了参与感，小米将销售活动产品化，将开放购买这个活动过程打包成一个产品，并持续对其更新优化。原本的单项购买行为，变成了交互式活动。

（3）服务体系。服务是小米商业模式的信条，小米以一种开放的思维提供客户服务。传统客服会强调制度、KPI 考核，这既是对员工的不信任，也不能很好地服务客户。为了让员工解放思想，主动做好服务，小米给服务部门很大自由度，在客服方面投入巨大。小米还有一群特殊的"客服"——米粉。绝大多数用户是由朋友推荐购买小米产品的，因而在使用过程中遇到问题时，最先想到的是推荐小米的朋友，这些资深用户此时便扮演了客服的角色。这个特殊的客服群体规模绝对超过了任何一家公司。小米还专门开发了对接社交媒体平台的客服系统，缩短了响应时间。用非标准服务替代标准服务，客服用朋友的语气回答用户问题，而非死板的标准答案，更加重视人的因素。"小米之家"服务门店营造出了家的感觉，甚至还推出了业内领先的"一小时快修敢赔"服务。

（4）合作伙伴。与其他企业合作，是小米得以迅速壮大的关键，小米以手机为入口，正在构建整个生态链体系。首先，小米通过投资的方式与其他企业合作。2014 年以来，小米及其相关公司投资活动频繁，这些投资活动一方面是为了获取投资收益，另一方面是为了实现生态链的战略目标。其次，小米在营销环节与大量企业合作，包括微博、微信、QQ 空间等社交媒体，也包括天猫、移动、联通、电信等销售渠道，还包括风达、顺丰、EMS 等物流公司。最后，小米的"铁人三项"离不开合作伙伴，包括硬件生产商、软件开发商、云服务运营商等。与合作伙伴建立良好关系，用"开放、合作、共赢"的姿态面对这些企业，是小米正在做的，也是小米未来应继续保持的。

3）价值获取：侧重互联网与服务的盈利方式

小米公司奉行的是"硬件维持不亏钱，通过互联网应用与服务盈利"的策略。小米公司在手机硬件不赚钱的模式上开拓手机品牌，通过"舍弃"高利润从而"得到"存活机会,继而采用"软件主导硬件"的商业模式,开发出一款基于安卓系统的手机操作系统 MIUI,并对该系统进行了二次开发。一方面,小米通过 MIUI 系统与手机的紧密结合,使小米手机独特的"米键"在 MIUI 的支持下进行多功能拓展;另一方面,通过硬件推动软件,进一步强化小米手机面向"发烧友"的定位,借助操作系统带动更多的软件升值,同时将"发烧友"的热情"转移"到操作系统之中,由此可进一步推广其互联网业务。

3. 小米的商业模式创新

小米手机商业模式的创新主要体现在其要素的创新上,具体如下:

1)客户价值主张的创新

小米瞄着发烧手机,定位于"为发烧而生"。在产品策略上秉承高配置的硬件作为支撑,深度定制的软件为依靠,并采用服务一体化的用户体验,让消费者感受到小米手机的非凡体验。发烧手机看似是很狭窄的市场,但是发烧友在每一个公司都是意见领袖,都是玩机高手,他们意见起了决定性的作用。

2)促销创新

小米的口号是"不是做广告,而是做自媒体"。企业自己做媒体的内容运营,发动用户产生内容。这样做不但节省了广告支出,而且拥有了由数千万用户构成的自媒体阵营,拉近了与用户之间的距离。

小米为了拉近与消费者的距离,让用户有更深刻的体验,采取更人性化的方式,实行"参与式消费"。小米营销的主战场是各大社交媒体。微博、QQ 空间、微信、论坛是四大主要渠道,不同通道有着不同传播属性。此外,社交媒体实现了支付功能,小米手机在微博、微信、QQ 空间的预约发售都引起了很大轰动,实现了企业和社交媒体合作共赢的新模式。小米对用户实现个性化的情感输出,同时也引导了用户参与互动分享扩散,功能、信息共享是最初步的利益激励,其次是荣誉和利益,只有对企业和用户双方获益的参与感才可持续。

3)采用预售的销售策略

小米公司采用预售的销售策略,无疑是"互联网+"时代背景下商业模式的一大创新。小米通过预订聚合购买需求不断制造声势,又通过预估整体销量以期降低成本,相隔一定的时间限量发售获得高利润。小米公司制定生产计划的特点是,以小批量生产为主,然后再根据市场需求和销售情况酌情生产。小米公司这种颠覆传统的预售策略可使厂商准确掌握销售量并迅速回笼资金,从而消除传统厂商的库存烦恼,同时也为公司节约库存成本。总之,不得不说小米公司所获得的成功有互联网思维的强大助推作用。

4）用户"参与感"

现有的智能手机市场竞争日益激烈，智能手机用传统的销售模式依然不能打开市场。小米公司利用互联网模式开发手机操作系统并让客户参与其中，既使用户有参与感，也增加了用户的热爱与期待。增加了小米的客户基础群，奠定了小米商业模式的成功地位。在互联网思维的引导下，探索出利用电子商务网站网络直销以期扩大销售渠道的完美路径。除去实体店所带来的成本，使得小米公司有足够的能力投入研发新产品中，不断加快产品更新速度，满足用户需求，提高用户满意度，增强用户依赖性。

5）紧紧拥抱互联网，打造互联网手机

小米崇尚创新、快速的互联网文化。通过网上直销的方式销售手机，在无实体店和几乎零库存的情况下有效降低企业成本。小米以其独特的企业文化，以用户作动力源，优秀的产品、低廉的价格和超高的顾客预期等方式为自己的品牌宣传造势。针对特别年龄群、特定消费者，充分倾听顾客的声音，根据顾客所提出的要求对产品进行改善，为其量身定做一系列体验好、性价比高的智能手机，从而牢牢抓住顾客。总之，小米通过对目标顾客的精准定位和以顾客为中心的营销服务理念，充分利用互联网，开创互联网直销模式为自己带来巨大成功。

6）渠道的创新

小米运用互联网线上销售模式，合作三大运营商和各大电商平台，省去了中间渠道以及门店费用，从而降低了销售成本。小米在使用线上平台销售的同时拓展了线下销售业务：在大城市开设小米之家，在三线四线城市利用小米小店发动群众的力量实现渠道下沉。"线上＋线下"的结合让小米迅速占领广大消费市场，实现销量的剧增。

7）盈利模式的创新

正如上述分析的，小米采用的是"软件主导硬件"模式，开发出一款基于安卓系统的手机操作系统 MIUI，并不断对该系统进行迭代更新。这样一来，手机不再只是一个打电话的硬件了，它变为了软件服务的入口，MIUI、移动商店、各类预装软件，这里蕴含着全新的利润空间。小米"发烧友"的定位，借助操作系统带动更多的软件升值，同时将"发烧友"的热情"转移"到操作系统之中，由此可进一步推广其互联网业务。

传统的手机厂商的利润来自其硬件销售利润，小米的利润来自硬件销售利润＋软件服务利润，目前利润来自三驾马车的利润，即硬件利润、互联网服务利润以及新零售的利润。

8)高性价比的产品

小米的高品质、低价格,即高性价比,主要来自如下因素:通过删减了中间渠道,降低了渠道成本;采用"剃刀与刀片"定价模式,实现盈利持续性;通过口碑传播,减少营销成本;让用户参与设计,减少设计师成本。

6.5　案例总结

(1)小米早期的成功(2011—2014 年)。第一,得益于其当时所处的环境:智能手机普及的行业风口,中国人口众多,消费者需求旺盛,自身的优势;第二,采取了合适的营销战略:选择了合适的目标人群,并精准地定位于手机发烧友;第三,在营销策略上创新:①用户创新策略:通过互联网(社交网)与用户互动、启动用户参与,如米聊、米粉、米粉节,用户参与手机设计,参与在社交网上传播品牌;②产品创新策略:产品配置、功能好,用户参与产品创新;③价格创新策略:中低端价格、性价比高;④渠道创新策略:利用互联网(社交网)买手机,掌控买手机的时间、节奏(如饥饿营销);⑤促销创新策略:互联网传播小米品牌(公关、宣传广告、口碑)等。

(2)小米中期的低迷(2015—2016 年)。一是由于行业环境发生变化,如存量换机时代、消费者升级时代,竞争更激烈,很多后来者居上,如华为、步步高系列、OPPO、VIVO;二是其产品受到质疑,遇到质量问题、抄袭问题,其早期的优势被竞争对手复制。网络营销、社交媒体营销如米聊、米粉、微博以及微信容易复制模仿,竞争优势不再,如华为的粉丝、花粉俱乐部。饥饿营销过去尚可,后来竞争激烈,竞争对手立马杀入,夺走市场份额。而小米线下从零开始,线上销售总量上不去;竞争对手线上线下并举,线下销售力量强大。

(3)后期的翻身(2017 年及其以后)。主要体现在如下几点:坚持技术创新得以见效,以用户为中心推动精细化管理;学习 OPPO,线下布局;小米从最开始在线上实现性价比的追求,到对零售从线上开始结合线下感到迷茫,最终经过思考反省,找到的解决方案就是"小米之家",以至不断迭代更新,发展为新零售,新零售模式升级,线上线下成功联动,低成本地搭建有效渠道;重视明星对其粉丝的影响力,请明星代言,扩大市场影响力,带来流量;配合进行较为重大的人事洗盘,前后相继更换两位副总裁。

小米的成功主要体现在创新上,具体而言就是基于移动社交网进行了用户创新、营销及其要素创新,最终带来了商业模式的创新。

　　小米案例表明,基于移动社交网企业与用户的互动创新是一个动态的过程,需要与时俱进。没有一成不变的营销策略,也没有恒久不变的商业模式,企业要获得持续的成功,就要持续地进行创新,这样才能与时俱进,保持持续的竞争优势,在变化中调整战略和策略。企业的前行不是直线,而是螺旋式上升。

第 7 章

基于移动社交网马蜂窝的用户互动及其创新分析

马蜂窝(原名蚂蜂窝)旅游网是中国领先的自由行服务平台,由陈罡和吕刚创立于 2006 年,从 2010 年正式开始公司化运营。目前已是广受中国年轻一代追捧的旅行网站,被誉为中国的旅行圣经。自 2015 年初发布自由行战略以来,马蜂窝逐渐探索出一条与传统 OTA(在线旅行社)截然不同的营运模式——基于个性化旅游攻略信息构建的自由行交易与服务平台。

7.1 马蜂窝简介

马蜂窝的景点、餐饮、酒店等点评信息均来自上亿用户的真实分享,该平台每年帮助上亿的旅行者制定自由行方案,它以"自由行"为核心,提供全球超过 6 万个旅游目的地的旅游攻略、旅游问答、旅游点评等资讯,以及酒店、交通、当地游等自由行产品及服务。

早在 2015 年 9 月 30 日,马蜂窝就已积累 1 亿用户,其中 80% 的用户来自移动端(其自由行 App),月活跃用户数 8 000 万,点评数量达 2 100 万条。2017 年,其整体 GMV 达到 102 亿人民币。2018 年,平台上每月新增的游记数量超过 13.5 万篇,新增的目的地旅游问答达 41.5 万条,累计点评数量超过 1.78 亿,覆盖的 POI(Point of Interest,兴趣点,包括景点、医院、警察局等)达到了 5 700 万个,收获了 1.3 亿的注册用户。表 7 - 1 为其大事件编年史,由此可见马蜂窝的发展脉络。

表 7 - 1　马蜂窝旅游网大事件编年史

日 期	事 件	发展方向
2006 年 1 月	网站上线	
2010 年 3 月	正式成立公司投入运营,注册用户数 15 万	
2011 年 4 月	上线首款 App 客户端旅行翻译官	
2011 年 10 月	获得资本 500 万美元 A 轮融资和 200 万美元无息贷款	布局移动互联网,拓展线上线下市场
2012 年 6 月	开始商业化尝试,半年收入超千万,主要来自广告及佣金分成	
2012 年 10 月	注册用户数超过 400 万,PC 端用户数在 3 年内增长 40 倍;攻略累计下载量 6 000 万次	
2013 年 4 月	获得启明创投领投、今日资本跟投的 1 500 万美元 B 轮融资	创新商业模式,布局移动互联网
2014 年 6 月	注册会员数突破 5 000 万	
2015 年 2 月	获得高瓴资本、Coatue、CoBuilder、启明创投的 C 轮融资,累计融资逾亿美金	以"自由行"为方向进行商业战略升级
2015 年 9 月	用户数达 1 亿;月活跃用户数达 8 000 万	
2017 年	11 月获得 1.33 亿美元 D 轮融资,由鸥翎投资(Ocean Link)、美国泛大西洋资本集团(General Atlantic)、淡马锡(Temasek)、元钛长青基金、厚朴基金共同投资,参与前几轮投资的今日资本、启明资本、高瓴资本继续跟投	加强旅游大数据的技术壁垒,重塑自由行产业链
2018 年 2 月	"蚂蜂窝旅行网"正式更名为"马蜂窝旅游网",并启动新一轮品牌换新	
2019 年 5 月	马蜂窝旅游网已完成 2.5 亿美元融资,由腾讯领投,美国泛大西洋资本集团、启明资本、元钛长青基金、联创旗下 NM Strategic Focus Fund、eGarden Ventures 共同跟投	旅游 3C 战略,即用户(consumer)、内容(content)、商业化(commercialization)

资料来源:根据公开渠道资料整理

7.2　马蜂窝用户互动案例及其分析

7.2.1　马蜂窝启动用户互动典型案例

1. "一场未知的旅行"

1）活动简介

《未知旅行》是马蜂窝自由行旗下"未知实验室"于 2016 年 9 月 7 日发起的一场旅行情感测试，主题为"用一场未知的旅行，检验一段未知的感情"。

这是一款 1 314 元的双人自由行产品，限额 27 位。其新奇的地方在于，出发时间未知、旅行地点未知、体验项目未知，你需要选择一名旅伴，并鼓起勇气一同接受这场未知的挑战。马蜂窝认为，旅行是检验感情的重要标准，探索"你是否能找到与你一同冒险的人"，以及"你们的感情将在这场新奇旅行中经受怎样的检验"，是这次活动的主要目的。

成功购买的消费者欣喜地发现：每个人获得的都是一段实际价值远远超过购买价格的旅行，而这些新奇、时尚、特别的旅行体验，其实早在当年 8 月底就出现在马蜂窝投放于北京、上海等一线城市的地铁、楼宇的广告画面里。

作为面向年轻消费者的在线旅行企业标杆，马蜂窝正在给传统旅游行业展示一种全新玩法，未知旅行实验室的成立与走红，更是助力其牢牢站稳 80、90 后旅游大军的脚跟。

2）活动效果

《未知旅行》活动推出后仅 3 小时就销售一空。12 个小时之内，以《你敢不敢 3 小时后，用一场未知旅行检验一段感情》为代表的活动相关文章，微信总阅读量已超过 500 万。而这场人性实验，经过咪蒙、张佳玮、Ayawawa 等大 V 的热捧，仅在微博话题的阅读量就超过了 1.3 亿。

在这场刷爆朋友圈的营销中，人性的规则不仅没有为活动设限，反而激发了人们的热情，跃跃欲试者众多。或许出于对马蜂窝品牌的信任，或许出于对未知的好奇，未知旅行从不缺乏勇敢者的参与。

2017 年 6 月 16 日，马蜂窝携手 Airbnb（爱彼迎）发起主题为"爱是一场未知的旅行"的大型营销活动，推出了 10 款由特色民宿和当地体验组成的旅行产品。这项旅行活动与 2016 年推出的"未知旅行"规则类似，同样，用户需在未知旅行时间、地点及产品具体内容的情况下进行秒杀，购买者须为 2 人同行。据未知旅行实验室负责人王雪琳透露,截至当年 6 月 19 日活动结束,活动共吸引了全平台 430 万关注量,10 万对同行者参与。

上一次,未知旅行实验室号召人们"用一场未知的旅行检验一段未知的感情",而这一次,它号召人们"勇敢带着爱去攻略未知"。面对愈发精明和理智的消费者,马蜂窝屡出感情牌,其实验也总是偏向情怀与理想主义。

作为面向年轻消费者的在线旅行企业标杆,马蜂窝正在给传统旅游行业展示一种全新玩法,未知旅行实验室的成立与走红,更是助力其牢牢粘住 80、90 后旅游大军的脚跟。

在公开资料中,未知旅行实验室被这样定义:这是一家旨在探索"旅行与人性"奇妙关系的非常规理想主义实验室,成立于 2016 年 9 月 6 日,隶属于马蜂窝旅行网,定期面向大众发起以"未知"为核心的旅行实验,旨在与全球旅行爱好者共同探索世界上与旅行相关的一切未知与可能。

通过"未知实验室"一系列的"未知旅行"项目,马蜂窝与用户互动,收获的不仅是关注度、转发量和成交额,更重要的是品牌的溢价。

2. 网红墙案例

在第 1 章提到的马蜂窝网红墙活动,获得了极佳的活动效果。

当体验者置身在 12 面网红墙中,阅读和拍照,仅仅是这场互动营销的开始。体验者在拍照的同时,可以通过马蜂窝 App 扫描每一面墙上的二维码,获取更多关于这些墙的旅游攻略和背景信息。这也让他们可以在自己的朋友圈里用照片"伪造"一次旅行,甚至因此开启一系列真正的"网红墙之旅"。

当年轻人把这些照片分享到朋友圈获得好友点赞的时候,马蜂窝对与体验者的沉浸式场景营销,就悄无声息地完成了。

"一面墙,就可能触发一个新的旅行灵感。"马蜂窝未知旅行实验室负责人王雪琳说,马蜂窝一直在洞察年轻一代旅行文化的变化。在年轻人的社交网络中,图片、视频都是他们记录和分享旅行经历的方式,也是社交媒体中简洁高效的传播介质。对于年轻的旅行者而言,没什么比一组美美的图片或视频更能吸引他们的注意力了。

来自旅游、时尚、生活方式等领域的自媒体红人来到线下场景体验,再通过照片和视频分享给线上的网友,激发网友的参与意愿,进而产生更多的内容分享,最终引爆社交网络上的裂变式传播。微博♯攻略全世界网红墙♯话题在众多热点话题中脱颖而出,收获上万条"真人秀"和千万量级的阅读。♯攻略全世界网红墙♯,阅读量 4 378 万,讨论 3 万条,微博♯攻略全世界网红墙♯话题数据惊人。

裂变式传播最重要的特点是不通过利益诱导,仍然能实现人们自发的分享和传播。在这一点上,"攻略全世界网红墙"无疑是个成功的典范。参与者们在分享内容和交流互动中感受到乐趣。每组"网红墙"的照片下,人们都在交流"这是在哪里""活动到什么时候"以及"现场有什么好玩的",分享者也乐于一一解答,为更多人提供帮助。

如果说世界杯期间的央视广告是马蜂窝面对数亿潜在用户进行的"空中轰炸",那么"攻略全世界网红墙"则是针对其固有客户群更精准的"地面打击"。当人们全身心地沉浸在马蜂窝精心打造的空间场景中,他们传播的不仅仅是精彩的照片和视频,也是关于马蜂窝的口碑以及旅行的好心情。

7.2.2　马蜂窝的用户互动分析

1. 马蜂窝的用户间互动

马蜂窝用户间的互动主要是通过其旅游社区,互动的形式就是 UGC 用户生成内容,马蜂窝的成功离不开其旅游社区的 UGC,而支撑 UGC 的根源来自社区氛围。2010 年之前,马蜂窝只是简单的"博客＋小组"形态,以目的地归类游记,用户互动以游记为中心。从 2010 年 3 月开始,陈罡和吕刚二人陆续对社区进行了改进,其中很重要的功能是加入相互关注关系、好友新鲜事和动态消息提醒,由此社区的信息传播通路转变为以人为中心,从而以人际关系提高了社区对用户的黏性。

现在的马蜂窝社区已日益发展成熟,主要包括问答、马蜂窝周边、蜂首俱乐部、结伴以及小组论坛等部分。

以马蜂窝社区人气最高的问答模块为例,对于一位具体的用户,有如下几个阶段。

第一阶段:旅行前确定目的地阶段,他往往会选择在线下咨询喜欢旅行的朋友,获得几个候选目的地,或使用马蜂窝目的地＋搜索功能浏览候选目的地综合信息,权衡考虑后基本可以定出目的地,此时很少会用到马蜂窝问答功能;

第二阶段:旅行前确定关键节点阶段,即围绕目的地,开始制定旅行计划,以交通和住宿的时间为关键节点,搭出计划骨架,在这个阶段,主要使用攻略＋搜索功能;

第三阶段:旅行前补充内容细节阶段,此时确定骨架后,补充和完善细节内容,用户从这个阶段开始频繁使用问答功能,由于时间充裕,先通过搜索寻找目

标问题及答案,如无法匹配,就自己提问;

第四阶段:旅行中解决未计划问题,此时与旅行前不同,有些时候由于时间和状态原因,旅行中不会花过多时间搜索问题,往往会直接提问;

最后是旅行后总结旅行阶段,能够形成闭环的是旅行后将本地的旅行计划整理后放到平台上,此时,用户也会由于自身的旅行体验主动去成为新的回答者。

马蜂窝社区本身就有等级体系,出于激励更多用户答题的目的,问答有其专属的虚拟成就和荣誉认证系统。如图 7-1 所示。

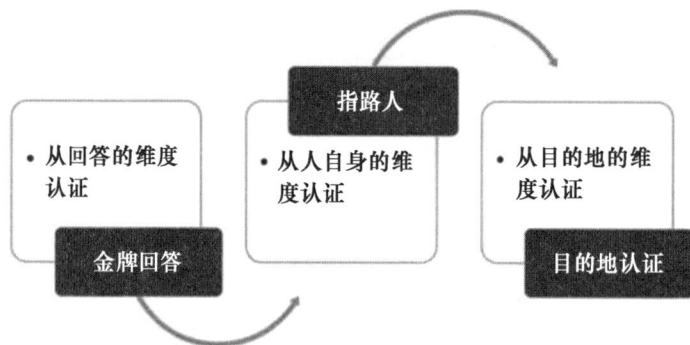

图 7-1　马蜂窝问答功能奖励一览

金牌回答是对高质量回答的认证,通过专属标识展示、回答的排序依据、申请指路人和目的地认证时优先通过等激励点,鼓励社区用户产出高质量的回答。对回答的认证可说是问答认证系统的基础。

指路人是对人这一维度的认证,除了专属标识展示,指路人推荐位展示等,还带有物质激励。

马蜂窝数据结构的基础是目的地,所以在对指路人的认证基础上,还可以进行目的地认证。

金牌回答、指路人和目的地认证三者相辅相成,而整个问答认证体系和其他各种功能点其实也关联起来了,比如邀请回答时的系统推荐。

此外,问答模块还不时发起活动,如答题大赛等,问答栏目里设置活动入口,运营可不定期举办各种活动。

马蜂窝用户通过交互生成海量的内容,经由数据挖掘,这些内容形成结构化的旅游数据并循环流动。马蜂窝依据用户偏好等数据,对应提供个性化的自由行产品及其服务,全球的旅游产品供应商则能够通过马蜂窝的旅游大数据精准匹配,获得丰厚的利润回报。

2. 马蜂窝与用户的互动

马蜂窝通过把社区氛围、旅行文化、产品功能、社交互动、旅游决策和交易等各种用户体验系统性地融合,获得了稳定的用户流量。

为了激发用户的分享,马蜂窝推出了系列措施:进行个性化的界面创新,优化用户阅读攻略、撰写游记和行程的体验;通过旅游点评、旅游问答,马蜂窝以"所有人帮助所有人"的方式解决用户的疑问并提供决策参考;通过等级制度、虚拟货币(蜂蜜)、分舵、同城活动以及晾晒旅游资产般的"足迹"等,马蜂窝激励用户分享和互动。也通过"未知实验室"发布、启动的各种活动与用户互动。

7.3　马蜂窝的核心竞争优势分析

自 2019 年 5 月马蜂窝旅游网完成新一轮融资后,马蜂窝继续强化"旅游消费决策"的内容壁垒,构建以 AI 和数据算法为驱动的新型一站式旅游服务平台,成为中国年轻人旅游出行时的首选品牌。在 2019 年 4 月的公开演讲中,陈罡提出"新旅游 3C 战略",进一步强调了以内容(Content)为轴心,带动用户(Consumer)、商业化(Commercialization)有机运转的商业化能力。3C 战略所锻造的"种拔一体"等一站式消费决策场景,将成为马蜂窝的核心竞争力所在,马蜂窝旅游网站在自由行消费者的角度,帮助用户做出合理的旅游消费决策。UGC(用户生成内容)、旅游大数据、自由行交易平台是马蜂窝的三大核心竞争力,社交基因是马蜂窝区别于其他在线旅游网站的本质特征。

1. 用户互动创造的内容——UGC

国内在线旅游被划分为四类,一是中介形式的酒店机票预订网站(OTA),如携程、艺龙;二是旅游(机票、酒店)比价搜索,如去哪儿网、飞猪;三是提供旅游产品、景区票务服务,如途牛、驴妈妈旅游网;四是旅游信息分享社区,如穷游网、马蜂窝。

不同于机票+酒店和广告的旅游类网站,马蜂窝走的是 UGC 的纯粹路线。经过数年的发展,马蜂窝的 UGC 内容形成了"足迹、点评、问答、行程、游记"的金字塔形结构,覆盖了旅游内容产生的全程。UGC 信息基本覆盖了全球的旅行目的地,也满足了用户的不同需求。

一打开网站首页,世界各个角落的美丽图片,优美的文字,想去旅行的心情随之而来。如克罗地亚之行后,网友"麦兜的花园"在马蜂窝网站上留下了如下自己的旅行记忆：

"地中海的风滋养出坚忍勇敢而又温柔多情的克罗地亚人民；伟大的探险家马可波罗从这里走出，开始追逐他的星辰大海；教堂的钟声回荡在黄昏下的古老城墙，吟唱着中世纪的歌谣；薰衣草的幽香随着暖湿的海风，飘散在半岛的月光之上……"

类似这样的游记每天在马蜂窝网站上，都会被上传分享。这种 SNS＋UGC 的模式吸引了无数用户。基于 10 年的内容积累，马蜂窝通过 AI 技术与大数据算法，通过独有的"内容获客"模式成为中国最大的旅游社区之一。

2. 大数据及其挖掘

1）马蜂窝的大数据

2013 年始马蜂窝努力从"social company"转变成"data company"。当数据积累到了一个临界点，就必须提升信息的利用效率，让这些信息帮助旅行者完成消费决策，寻找到适合的酒店和喜欢的餐厅，以及规划行程。马蜂窝的策略是：基于海量的旅游攻略数据，把前端大量用户集中消费需求和后端旅游行业资源进行对接，来寻求流量的变现。一方面让旅行者得到实惠，另一方面也可以帮助马蜂窝找到客源。

在线旅游分为三个时代，第一个时代是鼠标加水泥时代，这时崛起了"携程"；第二个时代是互联网时代，大家有了搜索和比价需求，于是有了"去哪儿"的模式；第三个时代，就是现在开始进入的个性化旅游时代，于是马蜂窝出现了。

第一、二两个时代有共性，即处于卖方市场，以生产为导向，市场供应什么样的旅游产品，游客就购买什么产品，这些产品都是标准化的单一旅游产品。但是到了第三个时代，旅游者消费升级，消费更成熟，旅游市场开始从卖方市场转向买方市场，消费高度个性化时代已经到来。在这个时代，谁能贴近用户的需求，掌握用户个性化需求，为大家量身打造个性化攻略才是关键。而消费高度个性化时代的首要需求是信息，转化为互联网语言就是数据，这是以数据为核心的旅游消费时代。

从目前各在线旅游公司对 UGC 这一新的细分业务的竞争看，穷游网、途牛和驴妈妈等在细分人群市场上占有一席之地，携程、去哪儿网等第一军团则在大步追赶。而马蜂窝在 UGC 信息的数据量和用户量，让其在这一市场上占据有利位置。

2）马蜂窝对大数据的挖掘与萃取

（1）数据研究中心。马蜂窝有自己的数据研究中心，对注册用户的数据进行分析整理,定期发布用户行为、自由行、出境旅游数据报告。

马蜂窝发布的《十一旅游趋势报告》《中国出境游报告》系列数据报告,一方面持续总结用户习惯、满足用户需求,另一方面有助于提升整个旅游行业的服务质量。中国旅游研究院等科研机构也与马蜂窝长期合作,定期对用户数据取样分析,发布相关的旅游研究报告。

(2)对大数据的挖掘与萃取。相比于商家的推销,消费者更相信其他消费者的口碑,中国游客往往更信任其他游客真实的旅游攻略。为了满足游客阅读攻略的需要,马蜂窝技术团队打通了企业内部和外部的信息流、产品流和服务流,专门研发了自由行数据分析系统,每天系统地分析 PC 端、移动端的自由行用户行为偏好,如攻略下载、旅游搜索、旅游问答、目的地游记浏览、查看旅游点评等,得出自由行的热门目的地、关注的航班、热门酒店等聚焦性购买需求数据。一方面,马蜂窝从海量、杂乱的游记中提炼出有效数据,推出结构化、精准的旅游攻略服务,告诉用户以往的游客到了一个城市,喜欢去哪些景点、住哪些酒店、哪些餐厅等,通过以往游客的信息帮助其他用户;另一方面,根据这些数据,马蜂窝与全球供应商合作,针对这些真实需求提供精准产品,即进行自由行产品的用户反向定制和销售(也称 C2B 模式),协同供应商对自由行产品进行优化和重构。

本质上,马蜂窝提供的是以大数据为核心的榜单+马蜂窝真实用户点评。比如,当一位从未去过韩国的游客搜索首尔,会出现"景点、酒店预订、美食、购物、娱乐、问答和游记"等列表。当游客点击购物时,根据"用户点评次数最高和得分最高"会出现明洞、乐天免税店、东大门市场等结果,而每一个结果都有长长的游客点评。游客如果对美食感兴趣,会获得烤肉、参鸡汤、啤酒炸鸡等特色美食排行榜,游客也可以选择"按用户评分、按点评数、按达人推荐"等纬度进行更细致的查询。如果想进一步安排行程,还可以点击游记一栏,获得按照"出行时间、人均花费、出行人数、出行方式"等排序的游记。

具体的点评内容会更多以数据的方式提供。比如游客选择到泰国清迈旅游,马蜂窝提供的清迈印象里,会出现被 1 609 篇游记提及的夜市、966 篇游记提到的泰式按摩等,当游客点击进入清迈古城,页面根据"有多少游记提到一家酒店"的方式给出酒店列表,每一家酒店页面都会显示已入住用户的数量、点评及相关游记,马蜂窝甚至在酒店评论栏中设置了"有待提高"项,帮助用户从多种角度了解酒店的细节。这一划分不再局限于酒店星级、行政区域,而更多是结合已有的数据和真实体验去认识一家酒店,然后匹配这些文字引入预订。让用户去评定酒店的好坏,才是极具价值的参考信息。

同时,马蜂窝通过语义分析,可以将酒店、餐厅、景点等各项垂直数据,从以往用户的长篇攻略中提取出来,做成单独的产品,也作为后续的商业化尝试。

比如马蜂窝可以从 UGC 的游记攻略里提取出如下类似信息:"酒店距离新宿车站很近,乘坐地铁和 JR 线都非常方便,方便去新宿购物。酒店有地下通道可以直通新宿站,带着很大的箱子行走也不会太吃力"这样的句子,这是纯粹做交易的 OTA(在线旅游)很难做到的。用户可以直接在攻略里看到经过数据挖掘被提炼出来的酒店信息,点击链接便可以直接导入预订页面。

马蜂窝的旅游服务类似于淘宝购物体验,只是马蜂窝采取的是让用户成为专家,基于海量用户行为数据挖掘,将大数据分析结果融入产品中,让用户通过他人的点评、游记、问答等自由制定自己感兴趣的行程,形成自己的个性化的旅游攻略。

3)旅游攻略

旅游攻略是马蜂窝通过旅游大数据挖掘与萃取的产物,马蜂窝的攻略秘籍在于,不断激发和保持用户的分享精神,在其着力打造的用户社区里,包含了大量来自旅游爱好者的真实感受和推荐。由此,大量特色旅游景点被挖掘出来,同时,这些信息还保持不断更新和修正的状态。

马蜂窝旅游攻略有如下特点:

一是众包,即像编辑百科一样人人参与。马蜂窝的攻略是很多目的地的资深旅游用户参与编辑的,以"香港攻略"为例,前后有约 100 个资深香港旅游用户参与了编辑。由于众包的方式,马蜂窝的攻略实用性强、接地气,更新也很快。

二是原创,从封面、文字到攻略里的图片,都是用户原创。攻略中所有重要的文字、图片都注明了其背后的作者,充分尊重用户的劳动成果。由于大量用户的积极参与,攻略真实可靠,富有人情味和亲和力。

以香港为例,用户参与旅游攻略产生的过程如下:香港的旅游攻略关联了1.2 万篇游记、8 万条问答数据、28 万条点评、36 万张图片,马蜂窝的攻略引擎会定期计算和更新这些信息,然后把信息按照酒店、交通、地图、餐饮等进行归类,计算里面信息丰富的程度和可信度,按照信息的价值进行排序并最终提交发布。

此外,只要打开从马蜂窝下载的任意一篇攻略,都会看到"本期攻略感谢以下用户"的字样,他们均是真实的旅游爱好者。用户自己推荐的特色小吃或是住过的最棒的民居,都有可能被采纳进入攻略,被无数旅游爱好者所津津乐道。正是这种分享的乐趣和极大的成就感,不断刺激越来越多的用户发布高质量的游记和攻略。

三是上述提到的数据挖掘、萃取。在鼓励更多人发表原创内容的同时,马蜂窝利用其独特的"算法",对海量信息进行萃取和挖掘,汇集成一篇篇真实、实用的旅游攻略。

具体而言,马蜂窝内部有一套攻略引擎算法,通过语义分析和数据挖掘,识别出真实可靠、有价值的信息。然后工作人员再将这些照片、贴士和点评进行整理归类,得到一篇包含食、住、行、游、购的一站式旅游攻略。

四是信息的不断更新与完善。当平台上的信息发生变化,到达一个临界点的时候,就会触发攻略信息的改变,使得旅游攻略能够得到及时的更新。一些热门旅游地也会保持更加频繁的更新。马蜂窝在一些地区还设立了"分舵",这是一批熟悉环境的当地旅游爱好者,一些内容也由他们更新和维护。旅游攻略与时俱进,不断更新、完善,然后刺激更多的用户发布攻略和游记,马蜂窝由此形成了一个高质量内容产生的正向循环机制。

3. 自由行旅游交易平台

马蜂窝通过搭建专门的自由行服务平台,在移动端、PC 网站、微信、微博等社交媒体上,为自由行合作伙伴提供全方位的产品展示、引流、线上支付、大数据支持和销售服务体系等 O2O 解决方案。

马蜂窝把旅游大数据与自由行合作伙伴共享,合作伙伴能够参考自由行产品销售数据、旅游点评、旅游问答、旅游攻略、游记等数据,生产更多贴近用户需求的产品,持续提升服务和自身的品牌建设。

马蜂窝也把庞大的用户流量与线下企业共享,"无佣金"的方式使合作伙伴不用砸钱买流量,从而节省高额的推广费用,共同致力于为消费者提供高性价比的自由行产品,实现用户、线下企业、马蜂窝平台三方共赢。

马蜂窝打通了企业内部和外部的信息流、产品流和服务流,专门研发了自由行数据分析系统,每天系统地分析 PC 端、移动端的自由行用户行为偏好,如攻略下载、旅游搜索、旅游问答、目的地游记浏览、查看旅游点评等,得出自由行的热门目的地、关注的航班、热门酒店等聚焦性购买需求数据。根据这些数据,马蜂窝与全球供应商合作,进行自由行产品的用户反向定制和销售(也称 C2B 模式),协同供应商对自由行产品进行优化和重构。

马蜂窝是基于旅游社交与旅游大数据的新型自由行服务平台,瞄准"80、90"后年轻群体,打造从内容到交易,从认知到决策、消费、分享的全链路闭环。具体过程如下:

(1)公司通过官网＋App 搭建旅行攻略社区,沉淀大量 UGC;

（2）依托内容大数据资源积累，对内容进行语义分析与数据挖掘，实现旅游信息结构化，用户更容易查找游记、攻略内容；

（3）内容信息可进一步为用户提供消费决策支持服务，帮助用户在站内购买适合的机票、酒店、景点、餐厅、游轮以及当地游等产品；

（4）用户在旅行结束后，可在社区发布分享攻略内容，完成旅行闭环。

7.4 基于移动社交网马蜂窝的用户互动及其创新分析

基于移动社交网马蜂窝的用户互动进行的创新，包括营销及其要素的创新，如用户创新、产品创新、服务创新、定价创新、渠道创新以及促销创新，在此基础上进行了商业模式的创新。

7.4.1 用户创新

根据 Von Hippel（1998）的观点，"用户是创新者"，Gales 等（1995）验证的用户参与创新项目与创新项目的成功率有显著的正相关关系。Lüthje（2004）的研究证明了用户在创新中起着发明者的作用，结合马蜂窝的实践，马蜂窝能成功，其用户创新起到至关重要的作用。用户互动参与创造内容是马蜂窝最重要的创新。

在马蜂窝"内容＋交易"的商业逻辑中，在线旅游的"场"的三个核心为 Consumer、Content 和 Commercialization。这三个 C 构成新一代矩阵，用户是流量，也是产生内容的主体，最后是否成交，内容是其中的关键点。内容不仅是帮用户把想法变成出行的冲动，更关键的是让用户做自己的决策。

马蜂窝的内容主要是靠用户产生和创造。游记如此，还有问答，以及其他新的内容形式如短内容、短视频等，都是用户互动参与创造的。马蜂窝的内容已经有很多层次，有游记，有攻略，有问答，还有玩法、游戏、视频等等。对内容的理解越深刻，就越能更好地拿走红利。

让用户参与到价值链条。任何平台要想进行大数据以及 AI 人工智能的落地，离不开用户的参与构建。马蜂窝在创立初期就重视用户参与、互动，让用户成为平台的一分子，极大地发挥用户价值，让用户深度地参与到价值链条，甚至某种程度来说，马蜂窝的数千万用户就是马蜂窝的"员工"。

马蜂窝所擅长的是产品的创新、技术的创新、数据的创新，这些创新的结果就是服务和流量，而追溯源头就是用户创新。

在马蜂窝每个积极互动参与的用户都是内容生产者,产品创新者,在马蜂窝,人人都是产品经理。

7.4.2　产品创新

马蜂窝的产品创新体现在如下几个方面:

1.激发用户参与、全面融入产品创新

从"未知旅行"开始,到"寻找小黄盒""我的旅行"以及"攻略全世界网红墙",马蜂窝一系列营销活动,并未一味追求噱头,而是真的开发了相应的产品。后续每推出一个重大活动,在线上都有相应的实验性产品给以支持。这些产品又和"未知旅行实验室"的大主题时时吻合,每一次都充满趣味、让人期待。并且,几乎每次活动都会设计秒杀抢购、H5 互动、线下自拍等环节,让用户去参与,并和品牌互动。顺利完成互动的用户,还能真实参与"实验性的旅游项目"。此外,马蜂窝非常善于与 90 后喜好的热门品牌合作,通过巧妙有趣的关联性创意,借势爱彼迎、杜蕾斯等自带流量的品牌,顺利进入 90 后的关注圈层并博得好感。

2.新旅行、新景点

"网红墙"原本都是全球各地一些特别的墙或涂鸦,因为受到年轻人欢迎,并通过社交媒体传播,而成为新一代旅行者们必须要"打卡"的景点。马蜂窝则把全世界的网红墙复制到了中国:在每一季选择一个潮流城市展示 12 面来自不同地区、不同风格的网红墙,在空间交错中,将一个全新的旅游场景呈现在世人眼前。

马蜂窝在"网红墙"活动中试图构建出全新的旅游场景,以完成品牌形象具象化。

在现实中,这些来自全世界的"网红墙",实际上并非传统意义上卢浮宫、故宫这样的"旅游景点",而是由年轻人自己创造,自己发现,再通过 Instagram、马蜂窝这样的社交平台分享,共同成就的更为时尚的"新景点",而这也与马蜂窝 CEO 陈罡一直提到的"新旅行"概念一脉相承。

在马蜂窝看来,年轻旅行者正在旅行中发现更多美好,更多融入目的地的文化与生活,感受当地更为时尚的一面。在这样的新旅行时代,景点也早已经不那么狭隘,它可以是一家小店,更可以仅是一堵高墙。"攻略全世界网红墙"传达了这一信息。

3.内容的新形式

马蜂窝内容的新形式主要包括两个方面。

一是短内容：其实就是社区中用户旅游实时分享的内容，它是马蜂窝目前在重点做的内容。用户去到每一个目的地，打开马蜂窝 App，数字上面会有气泡，气泡点进去之后就可以看到当下或者几分钟之前用户在当地旅游的实时分享。今天去一个地方，是否刮风下雨，要穿什么衣服，看一下当地实时照片就可以了。短内容的一个很重要的特点就是它的实时性。陈罡认为："新一代用户的需求发生了变化，我们为产业链提供新的配给方式，我们为业者们提供新一代的表达方式，让用户所见即所得"。

马蜂窝曾经挑选了同一个区域性的一批商家样本，进行了 2018 年 4 月到 7 月的数据统计。统计发现，充分利用马蜂窝的内容优势、内容产品进行品牌曝光和流量引流的深度运营商家，其流量增长是普通商家的近 4 倍；销量涨幅，深度运营商家是普通商家的近 2 倍。这个流量红利的驱动点，就来自于内容。

二是短视频：马蜂窝 2018 年始尝试短视频，2019 年发力短视频功能，想成为旅游行业的"抖音"，更是直接提出希望借此提高内容变现效率。短视频并不是一种新的传播介质，让它成为"现象级"风口的，是它所带来的内容变现机会，对于马蜂窝来说，除了给用户提供优质内容之外，进一步提高"内容＋交易"闭环的效率也将是其核心目标。

迄今为止，马蜂窝平台上已累积近 200 万条短视频。打开马蜂窝 App，不难看到首页上的发布按钮已经被简化到只剩两个，一个是发布图文，一个是发布视频。在马蜂窝众多如游记、问答、攻略等内容形态中，短视频被提升到与图文并列的位置，这是一次前所未有的强调。

长期以来，图文是旅游内容的基本形态，更是马蜂窝这一拥有十多年发展史的内容社区的优势所在。此前曾有媒体报道，马蜂窝平台上最长的一篇游记，字数接近 26 万字，超过了长篇小说《围城》，还添加了 2 139 张图片。而在如今的快阅读、快消费时代，高效获取信息成为新的内容刚需，尤其当用户抱有"寻找当地玩乐"等明确需求时，内容直观、真实、沉浸感强、信息密度大的短视频，将可能成为一种更好的解决方案，它的补强加入，将有效提高马蜂窝原有内容生态体系的丰富度和完整度。

如今，在马蜂窝 App 首页，基本每浏览 10 条内容，就能看到一条用户上传的短视频，为了鼓励新发，降低门槛，马蜂窝甚至自制了成套的模板与滤镜。赵倩表示，现在马蜂窝平台上每天都会产生上万条短视频，覆盖美食、探店、景点打卡、住宿体验等多种当地玩乐场景。

4. "旅游专家"模式

目前国内主流 OTA 笼络了商务出差和钟点房的客群。不过,这种商业模式更多是"卖家模式",在线上被推销的,往往是给 OTA 们带来更多中间利润的那些酒店。

马蜂窝正在力推"旅游专家"的新模式。马蜂窝是目前国内注册用户最多的在线旅游社区,拥有巨量的旅游攻略,更有机会理解海外自助游的消费行为,成为更有效率的海外旅游线上消费代理商。

以近年大热的泰国清迈游为例,在马蜂窝社区,共有千余篇游记提到清迈的夜市,超三分之一的旅游攻略会提到清迈的老城,而在一般的 OTA 网站,酒店的推荐一般不会以这类自助旅游的关键词展开。

"我们社区的核心是所聚集的旅游达人,每天都有数百万的旅行者在全球各地,在马蜂窝进行旅行信息的分享。我们有这些源源不断的、海量的、真实的UGC 旅行信息,包括点评、酒店、餐饮一应俱全。即将出发的旅行者们,正在根据前者用脚投票出来的结果,进行消费决策并实现线上预订,马蜂窝在其中实现了收益。"陈罡描述着商业化的前景。

实际上,类似马蜂窝这样,将旅游攻略结构化并提供消费决策的线上机构,国外已经初具规模,譬如在美国纳斯达克上市的 TripAdviser,其市值一度高达150 亿美元,其模式就是以中立的第三方姿态,向旅游者提供酒店挑选、旅游路线。

而马蜂窝希望瞄准的,就是携程等 OTA 未能到达且需求日益旺盛的市场空间——海外自助游。比如,在马蜂窝,能快速精准地搜索、预订到以中文标示的、位于希腊圣托里尼岛悬崖边的旅馆(该旅游胜地以"世界上最美的日落"著称),而不是只标示房间硬件等信息、看不到日落的酒店。

进化的在线旅游社区拥有传统 OTA 无法匹敌的优势,"社区攻略的导向、数据结构化的点评,就是真实的投票行为,投票结果对旅游者的吸引力更大。"马蜂窝内部人士表示,公司用将近一年的时间发掘了社区既有的旅游攻略数据资料,多年积累的用户数和攻略数量,为其产品研发赢得了先发优势。

在产品设计上,马蜂窝也在引导用户将景点、酒店、价格等与商业化密集相关的信息标记出来。以马蜂窝特有的"蜂首游记"为例,文章首页显著位置写着人均消费,正文上传的图片,马蜂窝也鼓励用户标记出拍照地点。App 左侧悬浮的"目录"模块,既有游记目录,还有"文中提及",将文中提到按酒店、景点等类别列出。点击某一景点,就能跳转至该景点主页,内容包括简介、点评以及相关旅游产品等。

5. 马蜂窝的概率产品

概率产品是由 Fay 和 xic 两位学者在 2008 年发表在 Marketing Science 上的学术论文中提出来的，他们合作的关于概率销售创新商业模式的研究获得了美国专利。

概率产品不是一个实质的产品，它是一个机会。消费者如果买概率产品，实际上是获取了一个得到这些产品中之一的机会。这几种产品或服务应该具有差异化，即产品在某些特定的属性上有所不同，但对于消费者来说，最优选择与其本身偏好完全相关，消费者在该属性上没有共同的好坏衡量标准。商家可以用成分产品补充各种各样的概率产品，让消费者在不同概率产品中选择，这种模式就是概率销售。其基本思想是利用消费者对产品偏好强度的差异，对市场进行细分，从而创新出一种新的营销模式。国外零售商、服务商、网站运营商，包括网上零售商，对概率销售的应用已日渐普遍和成熟，而该销售方式在国内还未曾普遍推广。

马蜂窝的概率产品主要包括其旗下定制的旅游产品。所谓定制旅行产品，是指根据旅行者出行意愿数据，针对目的地、旅行方式、出游时间、预算等偏好进行个性化产品定制。

7.4.3 服务创新

马蜂窝的服务创新体现在两个方面：一是马蜂窝主导的服务创新，二是用户参与马蜂窝的服务创新。

马蜂窝主导的服务创新很多。如马蜂窝对用户的推荐服务就是其典型的服务创新。目前马蜂窝平台上每月生产超过 70 万篇优质游记、攻略等长内容，新增 926 万条目的地旅游问答、点评等短内容，平台已累计超过 3.18 亿条旅游点评，覆盖全球 6 300 万个 POI，意味着理论上有 6 300 万个可商业化的地点，马蜂窝利用大数据算法，再将这些 POI 和目的地相关玩法推荐给上亿用户。

再如未知旅行实验室发起的各种活动也是其为用户提供的服务创新。例如"我的旅行人格"活动（2017 年 11 月 27 日），该活动发出宣言：不论你是哪一种人格，在马蜂窝都值得被尊重和满足；不论你是哪一种旅行人格，都能在马蜂窝上找到合适的攻略。

这是一次线上线下联动的大型营销活动。在线上，一款有趣的短视频刷屏朋友圈。短视频中，九种萌宠代表挑食患者、五星阿宅、野生摄影咖等九种不同的旅行人格,分别发出了自己的旅行人格宣言。而在线下,马蜂窝未知旅行实验室联合亚朵集团推出了"旅行人格酒店"活动。从进入酒店的瞬间,你会通过人格测试来进入自己的专属领地,邂逅属于你的攻略和惊喜,免费体验一场别开生面的旅行安排,在冒险中遇见自己。

社区中的问答是其用户参与服务创新的典型案例,它也是马蜂窝很重要的用户原创内容。马蜂窝旅游问答是旅行者获取个性化旅行信息的平台,旨在"所有人帮助所有人"。旅行者不用进行大量的搜索和整理,只用提出一个问题,就能快速得到其他用户的个性化解答,就好像有几个靠谱的朋友在给马蜂窝用户出谋划策。这些个性化的解答来自马蜂窝数百万的资深旅行者,他们拥有丰富的自由行经验,比一般的旅行者更深入,甚至在当地长期生活,马蜂窝用独特的算法和运营手段,保证这些问题能快速地被相应用户解答。不管是行前还是行中,用户可以用互联网和手机随时随地提问题,随时随地获得信息。

通过马蜂窝问答,全球各地的平均应答时间,不会超过半个小时,有问必答,因为这里面有强大的社区、有很多愿意分享的旅行者。用户参与的服务创新及时、高效、可信。

7.4.4　定价创新

1. 马蜂窝实现定价创新的缘由

1)控制获客成本并持续优化

在传统竞价模式中,广告主很难兼顾"控制转化成本"和"达到冲量目标"这两大任务。一些广告主会寄希望于通过惊艳的创意实现病毒营销,以低成本撬动高曝光,但是病毒营销的可控性很低,不仅无法在前期预测后期表现,也不能保证最终的转化效果。因此,马蜂窝能够通过更加科学可控的手段,以低成本实现自己在广告投放中的获客目标。

2018 年 2 月,马蜂窝启动了品牌换新,从更名到启用品牌代言人,向更大的市场空间拓展,正式向全量用户时代迈进。因此马蜂窝旅游网需要通过更丰富的场景、在恰当的时机出现在更多"潜在"旅游人群面前。在与腾讯社交广告的合作中,马蜂窝实现了低成本高获客,且激活成本低于行业大盘 60% 的良好效果。腾讯社交广告于 2018 年 2 月正式上线 oCPA 功能,帮助广告主解决了难题。optimized Cost Per Action(简称 oCPA),为广告主提供基于投放目标和出价的效果自动优化,持续提高广告主的广告投放效率和投入产出比。如表 7 - 2 所示。

表 7 - 2　oCPA 使用流程

oCPA 使用流程			
第一步	第二步	第三步	第四步
上传转化 数据完成 数据对接	积累转化 数据达到 使用门槛	使用 oCPA 出价方式 选择激活/下单/表单 预约作为优化目标	填写期望 平均转化成本

资料来源：根据网上公开资料整理

马蜂窝通过 oCPA 能力将成本控制在合理水平。在投放前期，使用腾讯社交广告的定向能力精准圈定目标人群，使系统充分学习该目标人群的属性与特征。在后期则放宽定向，根据控制成本目标自动寻找更多契合的潜在人群，积累数据并针对高转化潜力人群提高出价，抢夺优质流量，帮助马蜂窝在控制成本的基础上进一步提升了获客转化率。降低获客成本，意味着有价格降低的空间。

2)内容众包 节约成本

"众包"(crowdsourcing)这一概念是由美国《连线》杂志的记者杰夫·豪(Jeff Howe)在 2006 年 6 月提出的，他将其准确定义为"由非专业人士提供专业内容"，在这一过程中，企业只需为贡献者支付少量报酬，而有时这种贡献甚至完全免费。

马蜂窝的出类拔萃离不开它的 UGC 能力，而支撑 UGC 的根源来自社区氛围。在这里，成千上万的旅行达人牢牢聚集在一起并积极制造内容。马蜂窝团队的工作就是把这些由众包形式组成的内容汇聚起来加工为完善的成体系的攻略。截至 2019 年，马蜂窝共为超过 1 亿的用户提供了新鲜、真实的参考决策。

众包模式的成功有一个重要基础，那就是人们开始把创造当作一种娱乐，并享受因此带来的自我价值实现。马蜂窝公司化后，也正好踩在移动互联网的关键节点上。以社交平台为基础的众包模式很快在移动 App 上显示出极大的优越性。随着马蜂窝相继推出旅游攻略、旅行翻译官、旅游点评、旅行家游记和嗡嗡，形成矩阵式布局和完成旅游决策的闭环，这个社交平台的马太效应也愈发明显。越来越多的人愿意在电脑前待上整整一天，免费为它贡献一篇配有几十张图、上万文字的长长游记。马蜂窝在社区平台的基础上以一种人人产生内容的众包模式加速壮大起来。与此同时，众包的成本也大大低于组织内部从事相应活动的成本。内容众包，使其开发产品节约了成本，从而能定低价，因而导致其定价创新。

3)概率定价

(1)概率产品的概率销售。

概率产品的销售模式是运用产品属性的不确定性提供了一个新的细分市场机制。把产品里包含的不确定作为产品的特征,产生两种结果,第一,商家可以根据消费者产品偏好强度的差异性细分市场,在不增加新产品的情况下延长了产品线;第二,消费者也增加了权利,可以同时在信息与价格中取舍。概率销售可以延长产品线,赚取更多消费者剩余,通过消费者自主选择,商家可以准确地了解不同消费者对该产品某项属性的偏好以及保留价格,还可以减少企业经营中的市场不确定性风险,商家可以根据概率销售的库存现状进行发货和及时补货,以此减少仓储成本,也可增加消费者的购物娱乐性和趣味性,概率销售也提供了"未知购物的乐趣"。国外概率销售最典型的企业就是 Priceline。

(2)Priceline 的"Name your own price"。

Priceline 是美国一家基于 C2B 商业模式的旅游服务网站。打开 Priceline 网站,最直观的可选项目就是"机票""酒店""租车"和"旅游保险"。Priceline 属于典型的网络经济,它为买卖双方提供一个信息平台,以便交易,同时提取一定佣金。对于希望按照某一种住宿条件或者某一指定品牌入住的客人,Priceline 也提供传统的酒店预订服务,消费者可以根据图片、说明、地图和客户评论来选择他们想要的酒店,并且按照公布的价格付款。但是 Priceline 所创立的"Name Your Own Price"(客户自我定价系统)十几年来一直是独树一帜,被认为是网络时代营销模式的一场变革,而 Priceline 公司则在发明并运用这一模式的过程中迅速成长。

Priceline 发明的"Name your own price"系统是经济学中价格与价值相互关系原理的延伸解读。经济学原理告诉我们,产品的价值和使用价值可以通过价格体现出来,但是产品越接近保质期,它的使用价值就越小,理论上达到保质期时点之时,产品的使用价值就会变为 0。具体到机票或者酒店行业,越临近登机或者入住,机票和酒店客房的实际价值就越小,而一旦飞机起飞或者客房空置超过夜里 24 点,其使用价值便会为 0。因此对于飞机即将起飞时的空位和酒店的空置客房,多卖一个赚一个。

Priceline 中国大陆地区的市场负责人表示:"对于航空公司来说,在临近'保质期'时刻,多售出一张机票,多搭乘一个旅客的边际成本是机舱食物,而边际效益却可以达到最大化;对于酒店运营商来说,售出最后一间客房的边际成本只是洗浴用品和水电费用。因此,飞机即将起飞时的最后空位和酒店最后的空置客房,对供应商来说当然是多卖一个赚一个。"

Priceline 公司正是基于以上经济学原理和现实情况,提出了这种独创的经营模式。这种模式允许客户在为某次特定旅游休闲服务呈交报价时自定义他们准备支付的价格,自定义的内容包括出发时间、离开时间、产品的级别(如机票的头等舱或公务舱,酒店的星级等)、目的地等。Priceline 接到报价后,从其定价系统中搜索与之匹配的供应商在系统内提供的折扣报价,以确定是否满足顾客的要求并决定是否接受客户指定的报价(仅在接受公司提供的报价后,客户才能知道具体是哪家酒店)。如果客户不愿意接受,公司会通过引导客户调整某种参数从而增加匹配的概率,以重复竞价。一旦接受报价,便不能反悔,所以有"逆向拍卖"或"买方定价"之称。

(3)客户反向定价法的优势。

客户反向定价有如下优势:

第一,由于时间因素能导致旅行产品的使用价值降低到零,且其变动成本较低,因此卖方能够出让的利润空间非常大。它特别适用于旅游产品难以解决的淡季销售问题;

第二,公开低价会对酒店品牌产生负面影响,而 Priceline 上没有报价信息,消费者只知道最终成交价和星级、大致位置,只有成功拍卖到客房产品的那一名消费者,才能够看到酒店名称和价格信息,保护了商家,起到护城河作用;

第三,对于消费者,增加实惠甚至是惊喜,带来前所未有的娱乐性与趣味性。且因减少中间环节而降低价格,甚至不需要呼叫中心。类似 Priceline 网站的收入主要来自向买方收取手续费。

但这种定价模式也有缺点,它只对价格敏感型客户起作用,并不适合所有人群,对时间效率要求较高的商务人士或者高端客户并没有足够的吸引力,因为他们不缺钱。所以,Priceline 主要是针对价格敏感型客户和希望能够低价旅行的消费者设计自己的产品和服务,而正是这部分价格敏感的群体构成了 Priceline 的主要客户群。

(4)概率销售在其他企业的应用。

除了旅游平台,还有其他行业运用了概率定价方法,如航空公司。如表 7 - 3 所示。

表7-3　概率销售在外国航空业的应用(√、×分别表示确定与不确定)

旅游服务网站	出发地	出发(返回)时间	目的地	航空公司具体航线	具体航线	消费者可决定
Hotwire	√	√	√	√	×	在目的地停留时间
Kayak	√	√	√	×	√	
Priceline	√	√	√	×	×	
Germanwings	√	√	×	×	×	可以考虑的目的地
Freedom air	√	×	√	×	×	数量(价格不同)

资料来源:GmbH & Bodensee(2010)

中国的旅游平台也尝试过概率定价。如去哪儿于2011年4月,上线了"越狱酒店"项目,是用户主导价格的C2B酒店预订模式。越狱酒店彻底颠覆了预订酒店的传统规则,消费者第一次站在了价格制定的前端。该项目开始时覆盖北京、上海、广州、成都、西安五座城市。去哪儿网越狱酒店以"酒店价格你来定"为口号,以消费者出价,酒店方竞单的方式。去哪儿网提供拍卖平台,消费者选出心仪的酒店类型、给出愿意接受的价格并进行在线支付。如果酒店可以接受消费者给出的价格,即"越狱"成功。去哪儿网会将对应的酒店名称、地址、联系方式等信息以短信和邮件的方式进行告知。"越狱"成功表示有满足消费者价格、星级等要求的酒店。当有若干酒店都愿意接受消费者价格时,去哪网通过竞价,使得愿意接受最低入住价的酒店赢得"竞拍",随后,去哪网将酒店信息发送给消费者。80%以上加入越狱酒店的是四五星级酒店,"越狱"成功的用户可以享受到1~5折的优惠。对于消费者越狱使他们"花最少的钱,享受最好的服务"的愿望有了实现的可能,这是越狱酒店的精髓所在。

(5)马蜂窝的概率产品定价。

Priceline的name your own price成了全世界旅游行业概率产品定价的标杆,也是马蜂窝概率产品定价的典范。如上所提到的马蜂窝概率产品主要包括其旗下定制的旅游产品。马蜂窝特价并不是做尾货,而是预售和反向定制。预售和反向定制一方面减轻供应商库存的压力,另一方面在定价上旅游者有更多主动权。例如,马蜂窝能够制定从北京到香港五天往返1 999元的机票,是因为从马蜂窝的数据得知,大部分的旅行者都是五天出游、早出晚归的行程安排。针对这样的旅游行为,以及平台上香港行的交通供给资源,通过这样的价格定制,航空公司解决了库存的问题,马蜂窝也找到了更适合的价格。

4)线上直接推广,无中间商,节约成本

马蜂窝通过与全球各地的合作伙伴对接,在当地直接采购旅游产品和服务,省去中间交易环节,让用户、马蜂窝的当地供应商都能受益。商家入驻马蜂窝暂时无须缴纳任何入驻手续费,马蜂窝仅就商家在马蜂窝经营的品类,在订单交易成功后按不同品类收取一定比例的平台服务费用(即佣金),"没有中间商赚差价",节约成本。商家在马蜂窝旅行商城的店铺可申请经营的业务,需要视其企业资质及经营范围决定;经营旅行社产品的商家,需要提供旅行行业的相关许可资质,如申请经营境外目的地,需要提供旅行行业的出境旅游经营许可资质。其商家入驻流程如表7-4所示。

表7-4　马蜂窝商家入驻流程

马蜂窝商家入驻流程		
提交入驻资料	企业认证 完善收款信息	签署合同 开启店铺运营
填写企业信息 提交公司资质 提交审核	完成企业认证 激活账号并设置店铺信息 完善结算信息	线上签署合同 入驻成功

资料来源:根据网上公开资料整理

2. 马蜂窝定价创新举例

对于旅行者来说,确定一个目的地并围绕其展开旅行计划是一件幸福的事情,但最近马蜂窝推出的"出价赴约"活动却反其道而行之,通过"未知旅行实验室",马蜂窝将为用户带来三场前往阿布扎比神秘而未知的旅行。

关于这三场旅行,用户只能获得有限的信息:在一个一半海洋一半沙漠的丛林地区和一千只羚羊赛跑,或是去海上博物馆沐浴阳光,又或者远征沙漠夜赏星空。想要参与活动,用户只需为这场未知旅行出价,在0.1元至9999.9元之间给出自己的报价,出价最低且唯一的用户即可获得旅行机会。活动的参与方式简单,门槛也低,利用旅行的神秘感更是吸引一大批用户参与其中。

宣传打造一个充满未知感的冒险,抓住用户的好奇心以及喜爱抽奖的侥幸心理提高活动的参与度,借活动载体展现马蜂窝旗下"未知旅行实验室"的创意特点:以"未知"为核心,探索人和旅行的更多可能性。人们在参与活动的过程中更直观地了解产品的个性和定位,用户的好感度有所提升,同时也是不错的宣传手段。

7.4.5　渠道创新

与其他旅游网站如携程、去哪儿相比,马蜂窝的销售并不直接,而是与其网站的内容结合在一起,这是由它的媒体属性和社区氛围决定的。这也可从它们的广告宣传语看出其差异。携程宣传语:"酒店预订,机票预订,旅游度假,高铁预订,就上携程网!"去哪儿网宣传语:"特价机票,超值酒店,省心省钱,聪明你的旅行!"马蜂窝:"旅游攻略,自助游,自驾游攻略,靠谱旅游社交媒体网站"。由此可见马蜂窝的销售导向并不明显。携程和去哪儿业务相似,都是集中在酒店、机票预订领域。用户会在这两个网站之间相互流转,找到自己最心仪的酒店和机票。

携程是典型的 OTA,属于典型的旅游行业 B2C,起步较早,靠大量的线下服务点,通过客户服务去赢得份额的在线旅游公司。其运营模式是从航空公司、酒店、景区等那里拿票、房间、景区项目,以批发商的优势获取低价,然后再转手卖给消费者。以差价、返点为主要利润,相当于一个中介。最主要的核心竞争力是携程已经积累的大批优质商务客户,这些优质的商务用户对价格不敏感,会给携程在机票和酒店的预定上带来巨大利益。携程定位旅游加商旅的机票和酒店预订服务,经营模式主要包括代理机票,代理酒店。

去哪儿做的是旅游领域内的垂直搜索,赚的是流量和点击,它为旅游者提供国内外机票、酒店、会场、度假和签证服务的深度搜索,帮助中国旅游者做出更好的旅行选择。凭借搜索技术,"去哪儿"对互联网上的机票、酒店、会场、度假和签证等信息进行整合,为用户提供及时的旅游产品价格查询和信息比较服务。

其运营模式用一句话概括就是自己不做产品,整合中小 OTA 的信息,向用户提供 OTA 们线上销售的服务。其定位在商旅的机票和酒店服务,商业模式主要是机票代理,酒店网络流量代理。去哪儿背靠百度支持,SEO(Search Engine Optimization)做得最好,用户覆盖数最广,在线时长最短,说明其搜索功能能快速帮助用户比价,把用户吸引到最匹配他需求的机票/酒店上,同时也给相应的 OTA 带去流量。这种定位也决定了它会成为用户最大的入口,这点从用户覆盖数上可以得到验证。

马蜂窝是以用户 UGC 提供建议为核心的服务公司,对旅游相关信息整合,制作旅游攻略指南,形成旅游社区。其商业模式还在不断完善中,目前主要靠出售流量、广告位、旅游佣金、风投来经营。马蜂窝目标人群定位主打国内市场,旅游攻略、游记、互动社区等作为主要产品,攻略内容质量较高,游记图文并茂,用户驻足时间最长。除此之外,马蜂窝可以激发起用户潜在的或是原本没有的旅行需求,而这正是由其丰富的 UGC 内容所带来的。举例来说,传统"携程模式"下的消费者往往是先有了去某地旅游的需求,再去具体的旅游网站进行酒店比价、车票预订的,他们是确确实实要去旅游的人,目的性明显,需求也很明确;而在新兴的"马蜂窝"模式下,一位在马蜂窝社区的活跃用户可能往往在未来一段时间内并没有具体的旅行计划,而在其浏览、阅读其他用户发表、分享的游记、旅游攻略时,很容易会被那些图文并茂的优质内容"种草",产生新的旅游需求并成为一名消费者。

马蜂窝利用结构化大数据,将用户共享的零散的、复杂的内容整理成有结构、有节奏的表达,形成旅游攻略。2016 年,马蜂窝发布了"攻略 2.0"系统,它和传统攻略的区别在于,马蜂窝把"攻略"的含义大大延展了,"攻略"渗透在每一个内容和交易环节里。大数据帮助消费者更高效地获取信息、内容,帮助消费者决策。

比如在售卖特价旅游产品上,根据用户的需求,提供精准产品,进行精准推荐。马蜂窝曾发布"国内 5 城市出发马尔代夫自由行",4 599 元的价格包含 5 个城市直飞马累的含税机票以及 4 个晚上的四星级酒店住宿,发布短短 1 小时就有超过 10 万人关注,成交 336 笔。

而在售卖酒店产品上,马蜂窝采取的是非销售库存方式,而是反向从酒店攻略入手,提取先前旅行者写在攻略里的用脚走出来的体验和感受,让其他用户从已有的真实体验里去认识一家酒店,然后匹配这些文字引入预订,这种模式不同于 OTA 的销售库存方式—以卖家视角,售卖酒,再产生用户评价。

在马蜂窝上,有成千上万的用户记录和分享自己的旅行,他们的内容是其增长的基石。

7.4.6　促销创新

马蜂窝的促销创新主要体现在其大数据精准营销、精准推荐上。

通过对海量 UGC 进行复杂的语义分析与数据挖掘,马蜂窝实现了旅游信息的结构化,在旅游大数据领域跻身于行业前列。经由大数据结构化处理后的内容,不仅仅是简单的资讯,更是能够影响用户决策的消费信息。这一阶段积累的大数据实力,成为日后一直持续到现在的、马蜂窝的核心竞争力之一。

　　马蜂窝始终未做真的交易,只是促成交易,一方面为通过内容数据提炼用户需求,为用户提供优质酒店等旅行服务,另一方面也促成了 OTA 平台的精准交易。

　　游客不仅仅可以看到游记和攻略两个类目,甚至在酒店、自由行商城等地方都可以看到攻略。统计数据显示,用户平均浏览 2.5 篇攻略或 12.4 篇游记就会做出购买决策,这一决策效率还在不断提高。随着大数据和 AI 技术的进一步成熟应用,每一个不同需求的旅行者将在马蜂窝得到更加个性化的服务,更加快速、便捷地找到适合自己的旅行内容和产品。"更懂你"或许会成为马蜂窝未来更吸引人的地方。

　　"数据对于 C 端用户来说,是有千人千面的体验,每个人都有不同的(内容)推送。"陈罡称,马蜂窝首页的信息流看起来像 Instagram,未来的发展方向就成为旅游领域的流量之王。他认为:"移动端屏幕小,一定要靠更强大的算法、更精准的数据,帮用户简单、快速地获取个性化信息。对于 B 端(商家)来说,就是为其赋能,提升转化率。"

7.5　基于移动社交网用户的互动与马蜂窝的商业模式创新分析

1. 马蜂窝的商业逻辑

　　马蜂窝已经成立近十年,不仅成为中国旅行者交流、记录、分享的主要阵地,更从一个旅游社区变为一个覆盖内容和交易的一站式平台。从 2015 年入驻电商至今,马蜂窝一直在强调,"内容+交易"是它的核心商业能力,从最初的国内头部旅游社区,到今天完成商业闭环构建的内容电商,马蜂窝经历了一场非典型的进化路径。

　　马蜂窝自带流量,是一家数据驱动的公司。旅游有两个核心,一个是资源,一个是客源,OTA 在资源端,马蜂窝则在客源端,提供旅游攻略、消费决策、分享。

　　马蜂窝旅游网站在自由行消费者的角度,帮助用户做出合理的旅游消费决策。UGC、旅游大数据、自由行(现改为:"旅游")交易平台是马蜂窝的三大核心竞争力,社交基因是马蜂窝区别于其他在线旅游网站的本质特征。马蜂窝的业务增长是由三个环构成的,这三个环形成了马蜂窝独有的商业核心要素。如图 7-2所示。

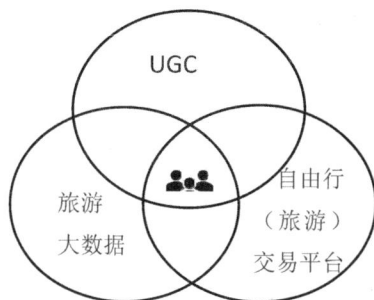

图 7 - 2　马蜂窝商业三大核心要素

在图 7 - 2 中,第一个环就是 UGC,大量用户生产的原创内容是马蜂窝增长最重要的基石;第二个环是旅游大数据,马蜂窝基于原创游记标记出了全球海量的 POI;第三个就是马蜂窝的自由行(旅游)交易平台。

那么如何将这三个环结合起来呢? 用户在马蜂窝上互动,生产大量 UGC,根据这些 UGC,马蜂窝就可归纳分析出非结构化的用户数据,进而可以归类研究出用户需求,根据用户需求,精准匹配满足用户需求的旅游产品。如图 7 - 3 所示。

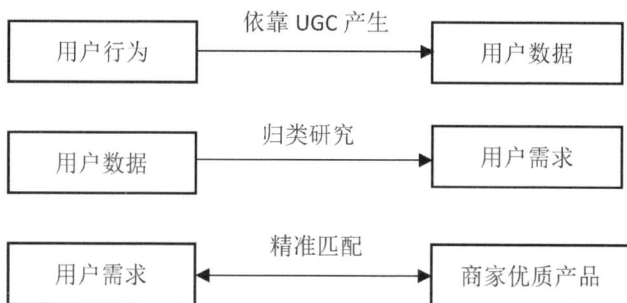

图 7 - 3　马蜂窝商业逻辑分析

2. 数据驱动业务增长

马蜂窝是如何用数据驱动业务增长的呢?

1)用数据寻找用户

马蜂窝每个月都会产生十几万篇用户游记,如何通过这些游记去挖掘整理出结构化的数据,以支撑其用户画像,非常具有挑战性。总的来说,马蜂窝会把数据分为用户行为数据和社会学范畴数据。用户行为数据包括用户在马蜂窝上发布的游记、点评,买过的产品、定位过的地区和国家,等等,马蜂窝用大量不同维度的标签来定义一个用户,以做到精准推荐。社会学范畴数据包括年龄、性别、城市、学历、收入等等,这些数据与用户的消费能力挂钩,是马蜂窝颇为重视的数据。因为归根究底还是希望用户在平台上购买旅行产品,所以马蜂窝会单独把用户的学历、收入、职位数据拿出来分析。

例如,根据马蜂窝统计结果显示其用户群体的特征:大都来自一二线城市,年纪较轻,学历和收入较高,非常乐于旅行、分享。

2)用数据帮助用户决策

之前很流行"来一场说走就走的旅行",但是这种说走就走的旅行大多数只发生在电视剧里,因为往往对于上班族而言,需要请假,不是那么简单的事情。而且长途旅行是一件非常"重要"的事,尤其是超过一周的出国游,人们通常会提前好几个月就开始规划准备。在此过程中,用户需要做很多决策,这些决策费时费力,马蜂窝要做的事情就是通过大量 UGC 基础挖掘出的数据帮助用户提升决策的效率。如表 7 - 5 所示。

表 7 - 5　马蜂窝用数据帮助用户决策

决策要素	UGC 基础	决策输出
景点	游记	何时
交通	攻略	何地
购物	问答	玩法
酒店	嗡嗡	路线
美食		体验

从表 7 - 5 可知,影响用户决策的因素有很多,包括景点、酒店、交通、体验等等。马蜂窝通过其已有的 UGC 数据,如游记、攻略、问答、嗡嗡等作为数据基础,给到用户最好的决策输出。告诉他们什么时间去什么地方最好,最受欢迎的玩法、路线和体验是什么。比如说用户想去斯里兰卡,那么经过在马蜂窝平台上搜索,结果会告诉他过去 24 个小时内有多少人去过斯里兰卡,那里的天气如何,最好的路线是什么,最受欢迎最有特色的酒店是哪家等。这样,可为用户省时省力,帮助用户提高决策效率。

3)用数据管理供应链

旅游行业的产品库存非常碎片化,而且时效性非常强,因此,马蜂窝选择做平台而非自营。即便如此,马蜂窝也需要很好地管理供应链,才能做到资源效应最大化,给用户提供最佳的体验。马蜂窝用数据进行供应链管理的逻辑,如表 7 - 6 所示。

表 7 - 6 马蜂窝用数据管理供应链

决策要素决定管理内容,进而决定决策输出		
决策要素	需管理的内容	决策输出
目的地	价格	3 个月商品丰富计划
商家	库存	6 个月商家引入计划
商品	体验	旅游热门商品补调
季节	……	差度体验商品自动降权/下架
行业		……
体验指数		
……		

从表 7 - 6 可知,旅游产品的供给受很多因素影响,如旅游目的地、商家、商品、季节、行业、体验指数等,这些决定了旅游产品的价格、库存以及旅游者的体验。根据上述数据,马蜂窝进行预测,从而在供应链上做出相应的计划:如 3 个月商品丰富计划、6 个月商家引入计划、旅游热门商品补调、差度体验商品自动降权/下架等等。马蜂窝必须综合考虑以上因素,从而得到最优解。

例如,通过以往的数据,马蜂窝预计接下来几个月从国内飞马来西亚的用户可能会成倍的增长,故提前去跟几家航空公司预订一部分机票,这样价格会更低,但是一旦出现了什么变化,比如局势、舆论影响,用户大量地换了目的地,这就会导致直接的亏损。

再比如,马蜂窝平台有一款产品叫青海湖环线自驾游,在每年的 6 月至 9 月销售十分火爆,但是一旦过了这个时节,基本上就无人问津。由于很多旅游地点的季节性非常强,因而就会影响到马蜂窝的库存。

针对上述种种情况,马蜂窝就会基于历史数据,以及用户的 UGC 总结出行偏好和趋势,反向对供应链进行管理,制定三个月商品丰富计划,六个月商家引入计划等。因为只有提前与商家谈好了合作,保留了商品库存,才能保证用户的出行体验。另外,马蜂窝也会对旅游商品进行及时地补调,让热度更高的商品自动加权排名,热度更低的商品自动降权等等,这些都是为了保证整个供应链高度顺畅运转。

4）精准预判，提前技术和产品布局

早在 2015 年的时候，马蜂窝就精准地判断了在线旅游第三阶段是"自由行时代"，故其前瞻性地进行了产品和业务的布局。像马蜂窝平台的社区、攻略、当地导游以及租车等等信息服务，无不体现了自由行时代的特征，而这些产品和服务的落地，吸引来的消费者黏度远高于 OTA 时代或者跟团游时代。这些用户通过互动、点评、消费等产生的大数据，更有价值，更能帮助创新服务和产品的落地。

总之，马蜂窝基于大量的 UGC，通过数据挖掘、认知的方式去精准定位、标记用户，将适合的内容、产品更精准地推荐给他们。也通过数据来更好地管理供应链、承接大量的流量。换句话说，马蜂窝其实不只是一家在线旅游公司，而是一家提供在线旅游的大数据公司。

"正因为我们今天掌握了海量的用户出行的体验数据，才得以让我们把优质的商品、内容和服务跟用户进行结合，让他们在我们这儿体验到一些区别于其他 OTA 平台的玩法。"马蜂窝高级副总裁都斌如是说。

3. 商业模式要素理论——基于价值创造理论

马克约翰逊、克莱顿克里斯滕森、孔翰宁三位大师在"哈佛商业评论"《如何重塑商业模型》一文中提出了商业模式构成要素，三位专家从系统的角度构建了商业模式模型。他们认为商业模式由四个密切相关的要素构成—客户价值主张、盈利模式、关键资源和关键流程，这四个构成要素相互作用能够创造价值并传递价值。

上述商业模式四个要素是每一个企业的构成要素，他们之间蕴含着复杂的相互依存关系，共同塑造了企业独特的商业模式。客户价值主张和盈利模式分别明确了客户价值和公司价值，关键资源和关键流程则描述了如何实现客户价值和公司价值。如图 7-4 所示。

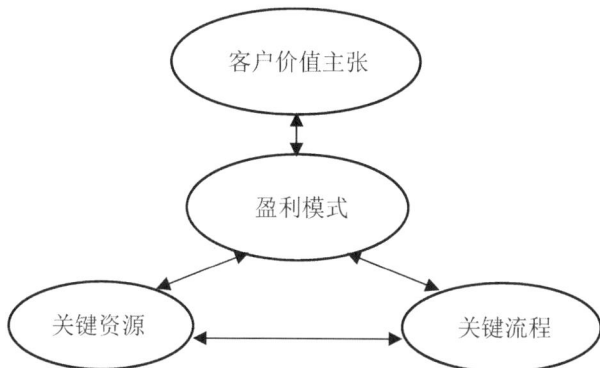

图 7-4　商业模式构成要素

1）客户价值主张

客户价值主张是指对客户来说什么是有意义的，即对客户真实需求的深入描述。凡是成功的公司都能够找到一个为顾客创造价值的方法，即帮助客户满足某项重要需求的方法。在此"需求"的含义是指在特定情境下客户需要解决的一个根本性问题。只有商家充分了解了用户的需求以及需求的各个维度，才可以为客户设计解决方案。客户的需求越强烈，客户对现有解决方案满意度越低，你的企业解决方案比其他可选解决方案越好，你的客户价值主张也就越是卓越。

客户价值主张主要包括以下构成要素：

（1）目标客户：即我们所服务的目标群体是谁？

（2）要完成的工作：指解决某个重要问题，或满足目标客户的某项重要需求。

（3）提供的东西：指解决问题或满足需求的一个产品或一项服务，其内涵不仅包括销售的内容，同时包括销售的方式。

2）盈利模式

简单说来，盈利模式就是企业赚钱的方式，也就是企业通过怎样的模式和渠道来赚钱。盈利模式是对公司如何既为客户提供价值，又为自己创造价值的详细计划，包括以下构成要素：

（1）收益模式：即营业收入来源，单价乘以数量，数量可以是市场规模、交易规模、购买频率、附加性产品的销量等。

（2）成本结构：也就是成本是如何分配的，包括主要资产的成本、直接或间接成本、规模经济等。

（3）利润：为实现预期利润，每笔交易所应产生的净利。

（4）利用资源的速度：为了完成预期营业收入和利润，企业需要多高的库存周转率、固定资产以及其他资产的周转率，也就是企业要从整体上考虑要以多快的速度利用公司的资源。

3）关键资源

关键资源是指向目标客户传递价值主张所需要的人员、技术、产品、厂房、设备和品牌，可以为客户和公司创造价值的关键要素，以及这些要素间相互作用的方式。

4）关键流程

成功的企业都有一系列的运营流程和管理流程，以确保其价值传递具有可重复性和扩展性，这些流程包括员工录用、培训、产品研发、生产、预算、规划、销售和服务等日常周期性工作。此外，关键流程还包括公司的规则、考核机制和规范等。

企业是以流程为基础来进行运作的,企业中存在着各种各样、大大小小的流程。企业的流程图一方面反映每一流程中各活动之间的关系,另一方面用来反映各流程之间的关系。其中关键流程是最重要的。

4. 马蜂窝的商业模式要素分析

1)马蜂窝的客户价值主张

客户价值主张是商业模式的核心要素,商业模式的活动是围绕着客户价值主张而展开的。以客户为中心、明确客户价值定位、倾听客户心声、对不断变化的客户期望迅速做出反应的能力成为企业成功的关键。"客户价值主张"要素要搞清楚如下三个问题:企业的客户是谁? 他们有什么样的需求? 企业能够满足他们哪些需求?

(1)客户是谁。

马蜂窝的目标客户可以分为两类,一类是合作商户(如旅行社等),另一类是普通消费者。

(2)他们有何需求、如何满足其需求。

对于目标客户为合作商户而言:马蜂窝的合作商户大部分是中小型旅游服务提供商,营销宣传一直是他们的短处。这些商家一般无力支付巨额的传统网络媒体(如电视媒体、报纸杂志等)的广告费,因此,他们一般在旅游景点处、店面附近或者沿街发放宣传广告,以达到吸引消费者的目的。马蜂窝旅游网站的出现,解决了商家两方面的问题,一方面,商家入驻马蜂窝暂时无须缴纳任何入驻手续费,马蜂窝仅就商家在马蜂窝经营的品类,在订单交易成功后按不同品类收取一定比例的平台服务费用(即佣金),"没有中间商赚差价",节约成本。另一方面,马蜂窝能够带来看得见摸得着的广告效果,确确实实为商家带来大量的用户。举例来说,商家可以通过 1~2 个爆款带动店铺曝光度,拉高整体流量提升店铺整体转化。甚至可以在旅游攻略中植入商户或产品信息,安排专业旅游写手操刀游记等操作模式。

"我们希望通过内容生态和用户体系的构建为商家赋能,希望通过商业化的努力,带动平台数以万计的商家,一起为用户提供高质量,高体验度的旅行方式,共同掘金新旅游。"马蜂窝高级副总裁都斌说(2019)。

对于目标客户为用户而言:马蜂窝的 UGC 模式为其带来大量的实惠,旅游攻略、游记、社区问答形式为旅行爱好者们做好"功课"。马蜂窝用户通过交互生成海量的内容,经由数据挖掘,这些内容形成结构化的旅游数据并循环流动。马蜂窝依据用户偏好等数据,对应提供个性化的自由行产品及服务。通过网络社区从数百万旅游达人的经验和分享中,重新整合出一个旅游攻略。如香港的旅游攻略,用户看到的是数百万达人的旅游精选。对于用户来说,一是大大节省了搜寻旅游信息的时间,二是大大提升了旅游信息的质量。

马蜂窝通过自己的网站平台以及市场拓展人员,将合作商家和用户连接起来。为用户提供有折扣的商品以及令人满意的服务,同时也为合作商家带来更多的用户,增加其营业额。

2) 马蜂窝的盈利模式

携程、去哪儿、途牛三巨头亏损似乎都源于共有的价格补贴模式。用户在互联网上对三家网站的报价进行比较的成本非常低,因此依靠补贴和价格战见效很快。用户打开三巨头的网站输入出行时间和目的地,就可以快速对出现的机票、酒店价格进行对比,能提供较低报价的网站就能轻易获得该用户的订单。但是,这种做法的缺陷在于难以建立用户黏性,一旦补贴力度减弱,用户就会流往其他网站。也正因为如此,OTA 之间不得不进行并购以减少价格竞争带来的利润损失。

马蜂窝则不同。三巨头靠真金白银补贴战无法形成竞争优势,马蜂窝却凭借不花钱的资源——"游记"实现了用户黏性。

数据显示,马蜂窝每天产生的游记数量超过 3 000 篇。尽管马蜂窝打造的旅行分享社区建设较长,但一旦建成就成了一种竞争对手短时间内无法复制的资源,也是企业的核心竞争力。这就如同淘宝上的商品评论一样,只要用户仍需要参照评论来进行购买决策,那么卖家在长期交易中所积累的评论量就可以助力市场地位的保持。

但是,在用户对游记分享和阅读上建立的优势并不一定意味着盈利。这也是马蜂窝 2014 年以来努力的方向:将内容的价值变现。马蜂窝将游记中涉及酒店等信息提取出来并和相应的经营主体进行对接。2015 年以后,马蜂窝又开发了大数据的用户画像性能,借用大数据来促成交易转化。

这种路径看似简单,却反映出了马蜂窝之所以能领先于三巨头而实现盈利,原因在于相比于三巨头而言,马蜂窝更具有互联网思维,领先进入了"互联网+旅游"的 2.0 版。1.0 版中的三巨头更多地局限于将已有的业务网络化,因此无法避免原有行业中的价格竞争模式,也没有很好地抓住共享经济这一互联网的核心,建立起竞争壁垒。而马蜂窝则善于利用网络中的非结构化数据资源来发掘用户的个性化需求,从而规避过度烧钱和竞争。

马蜂窝为用户提供大量的旅游攻略,却并不向他们收费。其盈利模式也逐渐清晰,两个途径:一是将消费决策与在线旅游代理商 OTA、企业、旅行社连接起来,从而收取交易佣金;二是为旅游机构提供品牌宣传的平台,收取广告费。

基于真实可信的攻略计算出来的消费排行榜,马蜂窝只做撮合交易。一方面,用户获得了良好的旅行体验,另一方面,也为旅游代理商带去巨大的流量,而马蜂窝自身则收取服务佣金,达到三赢、多赢。

3)马蜂窝的关键资源

关键资源是以盈利的方式向目标用户群体传递价值主张所需要的人员、技术、产品、厂房和品牌等等。根据前文章节分析,目前马蜂窝旅游网的关键资源来源于以下几个方面,即网站优秀的 UGC、旅游攻略、旅游大数据、攻略引擎等。

(1)UGC。

区别于 OTA 网站,马蜂窝的定位是为用户提供旅游攻略及产品预订的 UGC 社交平台,用户自主生产的游记、旅游攻略、问答等内容是该网站经营的核心。

UGC 内容作为马蜂窝很重要的一部分,怎样才能产生优质的内容?

旅游游记,即更丰富更新的目的地游记分享。用户可以在 web 端、移动端编写游记,记录旅行所见所想,分享旅途的愉悦,提醒其他用户可能存在的问题。若游记优秀、受欢迎,还可被推荐到蜂首(马蜂窝首页),提高用户写游记的积极性。作者一方面以图文形式记录着自己的感受,对自己有着特殊的纪念意义,另一方面,他们又迫切地想把游记分享出去,与他人产生交流。

马蜂窝主要内容提供人群分三类:

普通群体:平台上用户中的这类人群喜欢记录,希望通过游记获得关注和交友的,其游记比较业余,但接地气,会吸引一部分用户。

职业旅行家或者可以称为旅游网红的群体:这类人群希望获得粉丝,引起关注,通过游记引流并产生商业价值。他们比较专业,上传的照片漂亮,文笔不错,还有很专业的编辑能力,能引起用户情绪上的共鸣,用户看了游记就想买票出发,他们会吸引大量的用户关注。

旅游网站和传统旅行社:这类企业希望通过游记引流产生商业价值,他们和一些职业旅行家签约,帮助他们推文,在内容上比较刻意引入企业的产品、品牌。

内容的好与坏关系到用户的增长,往往一篇好的内容会引起情绪共鸣,让浏览的用户主动评论、点赞、分享到朋友圈。随着游记的热度增加,自然会被推荐到首页,最终会有更多的人参与进来,形成一种良性循环。

(2)旅游攻略。

马蜂窝的核心产品是旅游攻略,攻略中的照片和文字信息都来自真实旅行用户的反馈,覆盖全球热门旅行目的地,涵盖了旅行中食、住、行、游、购、娱、出入境等重要信息,还有用户旅行的真实体验评价。

旅游攻略包括更权威更全面的目的地介绍。包含亚洲、欧洲、北美、大洋洲、非洲、南美、南极洲热门旅游地点,涉及地点简介、衣食住行玩、出入境、娱乐购物、线路、专题攻略等等,由编辑集合整理游记攻略之后写出简洁明了的必备信息,更新快,信息准确。可离线下载,方便用户随时翻阅。

(3)旅游大数据。

马蜂窝海量的 UGC 内容成为其旅游大数据,拥有真实、海量、高质量的 UGC 内容,将是马蜂窝在大数据应用战场上的致胜之道,也是其核心竞争力之一。马蜂窝首先对用户数据进行分析,再去匹配旅游资源,马蜂窝此举更像一个 C2B 的电商,而 C2B 的核心在于服务每个用户的效率。早在 2017 年 4 月,马蜂窝就宣布成立 AI 事业部,并推出全球首款超智能旅行机器人"马蜂 1 号"。经过多年积累的 UGC,足以为 AI 研发提供强劲的数据支持。随着机器学习与人工智能的发展,算法与设备都有了全面的提升,硬件不再构成核心门槛,真实有效的数据才是战略资源。

随着大数据和人工智能的发展,未来数据将直接服务于人,旅游行业的呼叫服务中心将完全消失,大量基础工作量将被大数据和人工智能所替代,传统的销售模式和服务模式将被彻底淘汰。

(4)攻略引擎。

攻略引擎是马蜂窝针对游记、旅游攻略、点评的引擎算法,通过自动的语义分析和数据挖掘,系统识别出真实可靠、有价值的旅游信息,实现用户和旅游产品、服务之间的精准匹配。

马蜂窝每天通过分析数百万用户的旅游行为数据,如下载攻略、对不同目的地的浏览、查看酒店评论、搜索机票、翻阅地景点照片等,得出出行热门目的地、关注的航班、热门酒店等聚焦性的购买需求。根据这些大数据,马蜂窝与旅游产品供应商合作进行预售和反向定制,一方面为有着不同偏好的用户匹配需要的旅游产品,另一方面为供应商找到精准的目标用户,节省营销推广成本。

4)马蜂窝的关键流程

马蜂窝的流程很多,其关键流程却不多,主要体现在其用户使用路径和内容流转过程上。

(1)用户使用路径。

使用马蜂窝的用户大体上可分为两类。一类是并未明确旅游目的地的用户,他们可利用马蜂窝平台直接搜索意向地方或浏览推荐游记,即可接触到海量真实用户发布的游记、旅游攻略、问答或酒店、商城等信息,然后用户通过点赞、回复、收藏或分享等动作参考他人游记或攻略,明确旅游目的,计划自己的旅行。另一类是已有明确旅游目的地的用户可在马蜂窝网站商城订购机票、酒店、门票等,也可通过搜索相关目的地,浏览他人发布的游记、问答等,改进自己的旅游计划,如去网红美食店"打卡"等。旅行途中或结束旅行后,用户还可通过在马蜂窝平台上发布自己的旅行照片、小视频、游记等,来记录自己的旅程。

(2)内容流转路径。

首先社区用户发布自己旅游游记,给他人分享,其他用户浏览游记,然后点赞、评论、关注、收藏,有意向旅游,然后计划自己的旅行,去旅游商城订购机票、酒店或者定制游、跟团游,或者购买其他服务,旅游成行后,有感而发,写游记,分享到社区。其他用户在社区阅读其游记后,又重复上述过程。如此进行下去,游记越来越多,被吸引的用户也越来越多,社区平台上留下的旅游者行为数据也越来越多,马蜂窝一方面产生更多的旅游攻略,另一方面也越来越了解用户的需求,从而结合旅游供给商的供给能力,为每个旅游者提供精准匹配的旅游产品和服务。

从马蜂窝内容流转路径来看,用户从整合内容到进行决策,决策之后继续交易,交易之后再分享内容,形成了一站式的闭环。

5. 马蜂窝的商业模式创新分析

中国在线旅游可划分为四类,一是中介形式的酒店机票预订网站(OTA),如携程、艺龙;二是旅游(机票、酒店)比价搜索,如去哪儿网、淘宝旅行;三是提供旅游产品、景区票务服务,如途牛、乐途、驴妈妈旅游网;四是旅游信息分享社区(UGC),如马蜂窝、穷游。

与其他旅游网站如携程、去哪儿等相比,马蜂窝的首要创新点在于它可以激发起用户潜在的或是原本没有的旅行需求,而这正是由其丰富的 UGC 内容所带来的。

未来将是去中心化时代,旅游市场正在逐步从卖方市场向买方市场转变,传统的出差、商旅或者跟团等的早期旅游市场,最后转化成自由行的旅游市场。现如今自由行和个性化的旅游服务发展远远超过传统旅游模式。

马蜂窝重视其用户,因为用户为网站提供了源源不断的优质内容,而内容是马蜂窝得以成功的基石。从气质上来看,马蜂窝和知乎、豆瓣等比较类似,这些平台更遵循消费者的自我意识和思想表达,他们通过平台和机制的构建,把"消费者从参与者变成共建者",利用"游记"的美学属性和社区氛围,建构高用户壁垒。成熟的社区氛围、优质的内容生产和阅读体验、丰富的旅游信息,成为新用户被拴住的用户壁垒。这些内容提高了用户使用时长,产生了流量优势。也通过用户为社区做的内容贡献,将用户绑定在平台上,增强了用户的成就感和归属感,也就提高了他们的转换成本。利用用户的内容,马蜂窝还可以快速了解旅游消费者的心理动向,推测行业发展趋势,发现新的商机。

马蜂窝每天活跃几百万旅游人群,他们的消费行为、互动行为都是宝贵的数据财富,马蜂窝通过统计分析把消费的需求订单进行统筹,然后和后端做好对接,进行产品的落地。这种模式一旦继续纵深发展,将来会有更多第三方的合作伙伴,受益于马蜂窝的数据图谱和分析记录,共享发展红利。

由此带来马蜂窝商业模式的创新:基于移动社交网用户的互动产生的海量的 UGC,通过对用户旅游大数据的挖掘形成旅游攻略,也基于对前端用户的需求分析,通过和 OTA 的合作,将热门的目的地和热门产品等与后端的 OTA 的库存进行对接,推出酒店、机票和特价产品,打造旅游 O2O 业务的闭环。

马蜂窝商业模式的创新,还与其合理科学的高管团队和运营队伍相关。相比"鼠标水泥"时代旅游平台更侧重市场和销售不同,马蜂窝是一家技术研发驱动的企业,除了核心高管都是技术研发出身以外,目前马蜂窝的员工中 70% 为技术类员工,体现了马蜂窝作为以技术和数据为核心驱动力的在线旅游企业的一大特征。

7.6　案例总结

1. 马蜂窝已有的创新——案例点睛

马蜂窝是提供旅游攻略为主的在线旅游网站,核心资源是其用户及用户互动产生的内容,分享的游记、点评等内容,核心技术是其独特的内部攻略引擎算法,通过语义分析和数据挖掘,识别出真实可靠、有价值的信息。然后工作人员再将这些照片、贴士和点评进行整理归类,得到一篇篇包含吃、住、行、游、娱、购的一站式旅游攻略,其核心产品是旅游攻略,且旅游攻略不断更新、完善,刺激更多用户发布游记,马蜂窝由此形成了产生高质量内容的正向循环机制。

因为其构建的"种拔一体"的旅游决策场景,不是简单地将商品消费嵌入内容中,而是基于对马蜂窝的内容路径、用户画像和用户消费场景的深刻洞察与理解,通过大数据算法,将内容与 POI 货品进行关联,创造精准的消费路径。一些马蜂窝商家也深谙此道,率先从传统的大货架和搜索排名中脱身,通过内容和产品的创新,获得年轻用户的青睐。

2. 马蜂窝未来的创新——已进行或正在进行的变革

马蜂窝已在相当长的一段时间里背负着舆论压力前行,在沉默的螺旋里高增长,正在进行一场"自我革命"。

变革一——改头换面:2018 年 2 月 5 日,马蜂窝正式宣布由"蚂蜂窝旅行网"更名为"马蜂窝旅游网",并启动新一轮品牌换新。将"蚂蜂窝"变为"马蜂窝","旅行网"变为"旅游网",可以看出马蜂窝想要瞄准更广阔的市场,其目标人群更广、定位更广。马蜂窝或许已经在逐步完成自我边界与想象空间的拓展。其野心是成为中国最大的新型旅行平台,覆盖的场景比传统意义上跋山涉水的旅行要宽广得多,如果做到了,旅游这两个字可能就可以从品牌里划掉了。

变革二——组织架构变革:马蜂窝原来零散的业务部门,被整合成新的四大业务中心——内容中心、交易中心、数据中心、用户增长中心。管理层纷纷开始强调"速度":产品需要更快的迭代,服务需要更快的响应。"Think great,move faster"成为公司内流传甚广的口号。

马蜂窝模式的本质是将内容快速地转化成交易,但内容和交易这两种业务形态截然不同,一个讲究"创意、极致、情怀",一个追求"时间、成本、效率"。正如全球旅游 UGC 巨头猫途鹰创始人斯蒂芬曾一语道出其中的无奈:"我们的网站很棒,每个人都很喜欢,但就是挣不到钱。"旅游原创内容和交易之间的距离:看似近、实则远。马蜂窝将内容转化成交易的路还很长,其盈利模式始终面临挑战。

马蜂窝副总裁都斌说:"我们希望通过内容生态和用户体系的构建为商家赋能,希望通过商业化的努力,带动平台数以万计的商家,一起为用户提供高质量,高体验度的旅行方式,共同掘金新旅游。"这既是马蜂窝的希望,也是马蜂窝基于其社区中用户互动带来营销创新的精髓所在:通过用户创新,带动其产品创新、渠道创新、促销创新,带动其定价创新,进而带来商业模式的创新。

参考文献

[1] [美]彼得·德鲁克.创新与企业家精神[M].朱雁斌,译.北京:机械工业出版社,2009.

[2] 曹博林.社交媒体:概念、发展历程、特征与未来——兼谈当下对社交媒体认识的模糊之处[J].湖南广播电视大学学报,2011(3):67-69.

[3] 曹颖,张米尔.用户参与对软件产品创新绩效影响的实证研究[J].技术经济,2014(5):1-9.

[4] 陈润.超预期:小米的产品设计和营销方法[M].北京:中国华侨出版社,2015.

[5] 程相惠.概率销售在旅游平台网络促销中的应用研究——以去哪儿网"越狱酒店"为例[J].企业技术开发,2016,35(11):107-108.

[6] 丁俊.蚂蜂窝:旅游UGC商业模式的创新及局限[J].中国电子商务,2014(18):32-32.

[7] 董正浩,赵玲,冯鑫.移动互联网环境下口碑传播对智能手机用户使用意愿的影响研究[J].科技管理研究,2013,33(22):220-224.

[8] 范钧,聂津君.国外顾客在线参与新产品开发研究述评[J].科技管理研究,2014,34(08):128-133.

[9] 范明献.自媒体传播伦理:特征、问题及认知框架[J].中国出版,2016(02):27-30.

[10] 方兴东,石现升,张笑容,等.微信传播机制与治理问题研究[J].现代传播(中国传媒大学学报),2013,35(6):122-127.

[11] 高媛.小米公司商业模式创新思考[J].合作经济与科技,2017(4):133-134.

[12] 郭韧，陈福集，等. 移动网络对网络舆情演化的影响研究[J]. 情报杂志，2015,34(7):130-134.

[13] 郭荣荣. 基于"互联网+"的商业模式创新研究——以小米商业模式为例[J]. 现代经济信息，2017(13):260-261.

[14] 何贵石. 新媒体时代下新闻传播主体的改变探究[J]. 科技传播，2016,8(03):28+32.

[15] 胡世良. 移动互联网商业模式：创新与变革[M]. 北京：人民邮电出版社，2013.

[16] 黄华. 技术、组织与"传递"：麦克卢汉与德布雷的媒介思想和时空观念[J]. 新闻与传播研究，2017,24(12):36-50+126-127.

[17] 胡世良，钮钢，谷海颖. 移动互联网:赢在下一个十年的起点[M]. 北京：人民邮电出版社，2011.

[18] 姜瑞娟. 面向大学生的移动 SNS 传播模式研究[D]. 重庆：西南大学，2012.

[19] 金立印. 网络口碑信息对消费者购买决策的影响：一个实验研究[J]. 经济管理，2008(22):36-42.

[20] 雷培莉，陈铭哲，赵博扬. 手机品牌虚拟社区营销策略研究——基于小米手机的营销分析[J]. 价格理论与实践，2012(10):72-73.

[21] 黎万强. 参与感:小米口碑营销内部手册[J]. 黄金时代，2014(10):65-65.

[22] 李爱真，李玟瑶. 一种新型的营销工具——概率销售模式[J]. 河南机电高等专科学校学报，2012,20(05):32-34.

[23] 李彪. 微博中热点话题的内容特质及传播机制研究——基于新浪微博6025条高转发微博的数据挖掘分析[J]. 中国人民大学学报，2013,27(5):10-17.

[24] 李书宁. 互联网信息环境中信息超载问题研究[J]. 情报科学，2005(10):149-152.

[25] 李伟. 雷军的营销道:看透小米超速成长的营销智慧[M]. 北京：人民邮电出版社，2016.

[26] 李先江. 营销创新对市场导向和营销绩效间关系的中介效应研究[J]. 管理评论，2009,21(11):52-58.

[27] 李朝辉. 虚拟品牌社区环境下顾客参与价值共创对品牌体验的影响[J]. 财经论丛，2014(07):75-81.

[28] [韩]李智惠，柳承烨.韩国移动社交网络服务的类型分析与促进方案[J].现代传播(中国传媒大学学报)，2010(8):92－96.

[29] 刘波，马永斌.网络环境中用户努力与创新观点质量——在线互动和评论版块异质性的调节作用[J].消费经济，2016，32(5):73－81.

[30] 刘丹凌.微信:移动即时通信与新传播革命[J].中州学刊,2014(10):169－172.

[31] 刘思彤.论新媒体时代新闻传播主体的变迁[J].新闻传播，2016(23):22－23＋25.

[32] 罗熹.基于新浪微博的移动社交网络复杂特性研究[D].武汉:武汉理工大学，2012.

[33] 潘军宝.基于消费价值理论的移动微博持续使用意愿实证研究[D].北京:北京邮电大学，2012.

[34] 彭晨明,张莎,赵红.如何让你的微信帖子更受欢迎?——基于知名品牌微信运营数据的实证研究[J].管理评论,2016,28(12):176－186.

[35] 彭晓东，申光龙.虚拟社区感对顾客参与价值共创的影响研究——基于虚拟品牌社区的实证研究[J].管理评论，2016，28(11):106－115.

[36] 钱坤,孙锐.用户参与虚拟社区中产品创新的影响因素研究——扎根理论研究方法的运用[J].科技管理研究,2014，34(6):5－10.

[37] 乔歆新，朱吉虹，沈勇.手机移动社交网络的用户研究[J].电信科学，2010，26(10):109－114.

[38] 曲欣欣.社会化媒介环境下个体交往行为的时空审视[J].安徽理工大学学报(社会科学版)，2018，20(2):59－64.

[39] 申光龙,彭晓东,秦鹏飞.虚拟品牌社区顾客间互动对顾客参与价值共创的影响研究——以体验价值为中介变量[J].管理学报，2016，13(12):1808－1816.

[40] 沈拓.不一样的平台——移动互联网时代的商业模式创新[M].北京:人民邮电出版社，2012.

[41] 盛月仙.信息环境要素分析[J].宁夏大学学报(人文社会科学版)，2008，30(6):200－204.

[42] 石俊国,郁培丽,孙广生.颠覆性创新行为、消费者偏好内生与市场绩效[J].系统管理学报,2017，26(2):287－294.

[43] 孙百香.探析融媒体时代新闻传播的发展趋势[J].新闻研究导刊,2018，

9(03):141＋143.

[44] 索传军.网络信息资源组织研究的新视角[J].图书情报工作,2013, 57(07):5－12.

[45] 王超.媒介与时空[J].新闻研究导刊,2017,8(03):74－75.

[46] 王锋正,杜栋,王春博.价值创新视角下开放型商业模式研究[J].科技进步与对策,2015,57(19):72－78.

[47] 王良燕.移动社交网络"浸润效应"的ABC模型[J].系统管理学报,2017, 26(06):1001－1006.

[48] 王永贵,马双.虚拟品牌社区顾客互动的驱动因素及对顾客满意影响的实证研究[J].管理学报,2013,10(9):1375－1383.

[49] 汪中.用户互动、需求不确定性、人员冲突与软件项目绩效关系研究[D]. 杭州:浙江大学,2006.

[50] 魏丽.新媒体视野下传播内容的特点[J].新媒体研究,2016,2(02):7－9.

[51] 魏炜,朱武祥,林桂平.基于利益相关者交易结构的商业模式理论[J].管理世界,2012(12):125－131.

[52] [美]沃尔夫.娱乐经济[M].黄光传,邓盛华,译.北京:光明日报出版社,2001.

[53] 吴吉义,李文娟,黄剑平,章剑林,陈德人.移动互联网研究综述[J].中国科学:信息科学,2015(7):45－69.

[54] 徐雪萍.以小米社区为例:看手机品牌的虚拟社区营销[J].现代商业, 2014(36):33－34.

[55] 杨保军.论传播主体与接受主体的关系[J].国际新闻界,2003(6):44－48.

[56] 熊捷,张欣瑞.利用微博平台进行新产品扩散——以红米手机为例[J].中国市场,2014(34):12－14＋17.

[57] 杨阳,刘振宇,夏小雪.浅析虚拟社区人际互动对网络消费行为的影响[J].大众商务,2009(4):72－73.

[58] 杨玉琼.中外社交网站受众行为模式对比[J].科技传播,2011(21):20＋13.

[59] 姚婷.融媒介时代舆论传播和引导新常态[J].新闻知识,2017(09):38－40.

[60] 余菲菲,燕蕾.创新社区中用户创新的创新效应及意见探究:以海尔HOPE创新平台为例[J].科学学与科学技术管理,2017,38(2):55－67.

[61] 于晶.微博传播过程中用户影响力的特征实证分析[J].情报杂志,2013, 32(08):57－61＋38.

[62] 喻小帅.浅析移动社交工具的特点与发展前景——以微信为例[J].中国传媒科技,2013(4):133-134.

[63] 原欣伟,杨少华.在线用户创新社区的知识创造——研究综述与理论分析框架[J].情报科学,2017,35(7):162-169.

[64] 张德鹏 等.顾客参与创新对口碑推荐意愿的影响研究:心理所有权的中介作用[J].管理评论,2015,27(12):131-140.

[65] 张华,葛钧.SNS社区中传播主体的行为类型与角色研究[J].上海师范大学学报(哲学社会科学版),2017(1):115-122.

[66] 张慧霞.美国UGC规则探讨——兼论网络自治与法治的关系[J].电子知识产权,2008(5):37-39.

[67] 张杰盛,李海刚,韩丽川.虚拟社区互动性对迭代创新绩效影响的实证研究[J].工业工程与管理,2017,22(5):128-134.

[68] 张若勇,刘新梅,等.顾客——企业交互对服务创新的影响:基于组织学习的视角[J].管理学报,2010,7(2):218-224.

[69] 张欣,杨志勇,王永贵.顾客互动前沿研究——内涵,维度,测量与理论演进脉络述评[J].国际商务(对外经济贸易大学学报),2014(4):86-94.

[70] 张艳辉,李宗伟.在线评论有用性的影响因素研究:基于产品类型的调节效应[J].管理评论,2016,28(10):123-132.

[71] 赵桐.网络传播时代媒介"新时空"的塑造[J].传播力研究,2018,2(10):229+231.

[72] 赵杨,慈银萍.移动社交网络服务创新影响因素实证研究[J].情报理论与实践,2016,39(4):66-70.

[73] 赵宇翔,朱庆华.Web2.0环境下影响用户生成内容的主要动因研究[J].中国图书馆学报,2009,35(5):107-116.

[74] 周洁如.基于移动社交网企业创新的商业模式研究[M].上海:上海交通大学出版社,2017.

[75] 周洁如.移动社交网平台企业的商业模式创新[M].上海:上海交通大学出版社,2016.

[76] 周旺.从"小米"看国产手机的商业模式创新[J].财会月刊,2013(08):89-91.

[77] 朱明洋,林子华.国外商业模式价值逻辑研究述评与展望[J].科技进步与对策,2015,32(01):153-160.

[78] Al-Debei M M, Avison D. Developing A Unified Framework of the Business Model Concept[J]. European Journal of Information Systems, 2010, 19(3):359 – 376.

[79] Baron S, Harris K. Interactions and Relationships From The Consumer Experience Perspective. In: Proceedings of The QUIS 10th Conference [C]. Orlando, FL, 2007.

[80] Bonner J M. Customer Interactivity and New Product Performance: Moderating Effects of Product Newness and Product Embeddedness[J]. Industrial Marketing Management, 2010, 39(3):485 – 492.

[81] Brown S L, Eisenhardt K M. Product Development: Past Research, Present Findings, and Future Directions[J]. Academy of Management Review, 1995, 20(2):343 – 378.

[82] Calia R C, Guerrini F M and Moura G L. Innovation Networks: From Technological Development to Business Model Econfiguration [J]. Technovation, 2007, 27(8):426 – 432.

[83] Centola D. The Spread of Behavior in an Online Social Network Experiment[J]. Science, 2010, 329(5996):1194 – 1197.

[84] Cheong H J, Morrison M A. Consumers' Reliance on Product Information and Recommendations Found in UGC [J]. Journal of Interactive Advertising, 2008, 8(2):38 – 49.

[85] Chesbrough H. Open Business Models: How to Thrivein the New Innovation Landscape [M]. Cambridge, MA: Harvard Business School Press, 2006.

[86] Chevalier J A, Mayzlin D. The Effect of Word of Mouth On Sales: Online Book Reviews[J]. Journal of Marketing Research, 2006, 43(3): 345 – 354.

[87] Chi H H. Interactive Digital Advertising vs. Virtual Brand Community: Exploratory Study of User Motivation and Social Media Marketing Responses in Taiwan[J]. Journal of Interactive Advertising, 2011, 12 (1):44 – 61.

[88] Chudnov D. Social Software: You Are an Access Point[J]. Computers in Libraries, 2007, 27(8):41 – 43.

[89] Chung N, Han H and Koo C. Adoption of Travel Information in User-Generated Content on Social Media: The Moderating Effect of Social Presence[J]. Behaviour & Information Technology, 2015, 34(9):902 - 919.

[90] Clemens F Köhler, Andrew J Rohm, Ko de Ruyter, et al. Return on Interactivity: The Impact of Online Agents on Newcomer Adjustment [J]. Journal of Marketing, 2011, 75(2):93 - 108.

[91] Crespo Á H, Gutiérrez H S M and Mogollón J M H. Perceived Influence on Behavior of User-Generated Content on Social Network Sites: An Empirical Application in The Hotel Sector[J]. Revista Española de Investigación en Marketing ESIC, 2015, 19(1):12 - 23.

[92] De Reuver M, Ongena G and Bouwman H. Should Mobile Internet Services Be an Extension of the Fixed Internet? Context-of-Use, Fixed-Mobile Reinforcement and Personal Innovativeness[C]. Mobile Business (ICMB), 2011 Tenth International Conference on. IEEE, 2011:6 - 15.

[93] Deci, Edward L and Richard M Ryan. Self-Determination[M]. John Wiley & Sons, Inc., 1985.

[94] Dellarocas C, Zhang X M and Awad N F. Exploring the Value of Online Product Reviews in Forecasting Sales: The Case of Motion Pictures[J]. Journal of Interactive marketing, 2007, 21(4):23 - 45.

[95] Duan W, Gu B and Whinston A B. Do Online Reviews Matter? — An Empirical Investigation of Panel Data[J]. Decision Support Systems, 2008, 45(4):1007 - 1016.

[96] Dubois D, Rucker D D and Tormala Z L. From Rumors to Facts, and Facts to Rumors: The Role of Certainty Decay in Consumer Communications[J]. Journal of Marketing Research, 2011, 48 (6): 1020 -1032.

[97] Flanagin A J, Metzger M J. Trusting Expert-Versus User-Generated Ratings Online: The Role of Information Volume, Valence, and Consumer Characteristics[J]. Computers in Human Behavior, 2013, 29 (4):1626 - 1634.

[98] Florenthal B, Shoham A. Four-Mode Channel Interactivity Concept and

Channel Preferences[J]. Journal of Services Marketing，2010，24(1)：
29 -41.

[99] Franke N，Shah S. How Communities Support Innovative Activities：An
Exploration of Assistance and Sharing Among End-Users[J]. Research
Policy，2003，32(1)：157 - 178.

[100] Füller J，Jawecki G and Mühlbacher H. Innovation Creation by Online
Basketball Communities[J]. Journal of Business Research，2007，60
(1)：60 - 71.

[101] Fu S，Huang J，Yan Y，et al. Research on Undergraduates' Continuous
Using Behaviors of WeChat：Data from China[J]. Journal of Chemical
and Pharmaceutical Research，2014，6(6)：125 - 130.

[102] Gales L，Mansour-Cole D. User Involvement in Innovation Projects：
Toward an Information Processing Model[J]. Journal of Engineering
and Technology Management，1995，12：77 - 109.

[103] Gao Q，P.L.P. Rau and G. Salvendy. Measuring Perceived Interactivity
of Mobile Advertisements[J]. Behaviour & Information Technology，
2010，29(1)：35 - 44.

[104] Georgi Dominik，Mink M. eCCIq：The Quality of Electronic
Customer-To-Customer Interaction [J]. Journal of Retailing and
Consumer Services，2013，20(1)：11 - 19.

[105] Godes D，Mayzlin D. Using Online Conversations to Study Word-of-
Mouth Communication[J]. Marketing Science，2004，23(4)：545 - 560.

[106] Goh K Y，Heng C S and Lin Z. Social Media Brand Community and
Consumer Behavior：Quantifying the Relative Impact of User-and
Marketer-Generated Content [J]. Information Systems Research，
2013，24(1)：88 - 107.

[107] Goldsmith R E. Brand Engagement and Brand Loyalty[J]. Branding
and Sustainable Competitive Advantage：Building Virtual Presence，
2011：121 - 135.

[108] Granovetter M S. The Strength of Weak Ties[J]. American Journal of
Sociology，1973，78(6)：1360 - 1380.

[109] Gruen T，Osmonbekov T and Czaplewski A. Customer-to-Customer

Exchange: Its MOA Antecedents and Its Impact on Value Creation and Loyalty[J]. Journal of the Academy of Marketing Science, 2007, 35 (4):537 - 549.

[110] Gruner K E, Homburg C. Does Customer Interaction Enhance New Product Success? [J]. Journal of Business Research, 2000, 49 (1): 1 - 14.

[111] Guerin B, Miyazaki Y. Analyzing Rumors, Gossip, and Urban Legends Through Their Conversational Properties[J]. Psychological Record, 2006, 56(1):23 - 33.

[112] Gupta A K, Wilemon D L. Accelerating the Development of Technology-Based New Products[J]. California Management Review, 1990, 24 - 44.

[113] Ha Y W, Park M C and Lee E. A Framework for Mobile SNS Advertising Effectiveness: User Perceptions and Behaviour Perspective [J]. Behaviour & Information Technology, 2014, 33(12):1333 - 1346.

[114] Hawkins R. The Phantom of the Market Place: Searching for New E-Commerce Business Models[J]. Communications & Strategies, 2002, 46:297 - 329.

[115] Hazari S, Bergiel B J and Sethna B N. Hedonic and Utilitarian Use of User-Generated Content on Online Shopping Websites[J]. Journal of Marketing Communications, 2016:1 - 20.

[116] Hecker Chris. Achievements Considered Harmful[C]. Game Developer Conference, 2010.

[117] Heiner Evanschitzky, Gopalkrishnan R. Iyer, Kishore Gopalakrishna Pillai, Peter Kenning and Reinhard Schütte. Consumer Trial, Continuous Use, and Economic Benefits of a Retail Service Innovation: The Case of the Personal Shopping Assistant[J]. Journal of Product Innovation Management, 2015, 32(3):459 - 475.

[118] Hong Seob Jung, Kyung Hoon Kim and Chang Han Lee. Influences of Perceived Product Innovation Upon Usage Behavior for MMORPG: Product Capability, Technology Capability, and User Centered Design [J]. Journal of Business Research, 2014, 67(10):2171 - 2178.

[119] Horowitz A. S. The Real Value of VARS: Resellers Lead a Movement to a New Service and Support[J]. Marketing Computing, 1996, 16 (4):31 – 36.

[120] Ivanka Visnjic, Frank Wiengarten and Andy Neely. Only the Brave: Product Innovation, Service Business Model Innovation, and Their Impact on Performance[J]. Journal of Product Innovation Management, 2016, 33(1):36 – 52.

[121] Jeppesen L B, Frederiksen L. Why Do Users Contribute to Firm-Hosted User Communities? The Case of Computer-Controlled Music Instruments[J]. Organization Science, 2006, 17(1):45 – 63.

[122] Jin S A, Phua J. Following Celebrities' Tweets About Brands: The Impact of Twitter-Based Electronic Word-of-Mouth on Consumers' Source Credibility Perception, Buying Intention, and Social Identification With Celebrities[J]. Journal of Advertising, 2014, 43 (2):181 – 195.

[123] John G, Martin J . Effects of Organizational Structure of Marketing Planning on Credibility and Utilization of Plan Output[J]. Journal of Marketing Research, 1984, 21(2):170 – 183.

[124] Johnson M W, Christensen C M. Reinventing Your Business Model[J]. Harvard Business Review, 2008, 35(12):52 – 60.

[125] Joseph M. Bonner. Customer Interactivity and New Product Performance: Moderating Effects of Product Newness and Product Embeddedness[J]. Industrial Marketing Management, 2010, 39(3):485 – 492.

[126] Keller K L. Building Customer-based Brand Equity[J]. Marketing Management, 2001, 10(2):14 – 19.

[127] Kietzmann J.H., Hermkens K., McCarthy, I.P. and Silvestre B.S. Social Media? Get Serious! Understanding the Functional Building Blocks of Social Media[J]. Business Horizons, 2011, Vol. 54, 241 – 251.

[128] Kim P, Kim S. A Model of Close-Relationship Among Mobile Users on Mobile Social Network [C]. Dependable, Autonomic and Secure Computing (DASC), 2011 IEEE Ninth International Conference on.

IEEE，2011:1103 - 1109.

[129] Kim A. J, Johnson K K P. Power of Consumers Using Social Media: Examining the Influences of Brand-Related User-Generated Content on Facebook[J]. Computers in Human Behavior，2016，58:98 - 108.

[130] Kim A J，Ko E. Do Social Media Marketing Activities Enhance Customer Equity? An Empirical Study of Luxury Fashion Brand[J]. Journal of Business Research，2012，65(10):1480 - 1486.

[131] Kleijnen M，Lievens A，De Ruyter K，et al. Knowledge Creation Through Mobile Social Networks and Its Impact on Intentions to Use Innovative Mobile Services[J]. Journal of Service Research，2009，12 (1):15 - 35.

[132] Knoll J，Schramm H. Advertising in Social Network Sites— Investigating the Social Influence of User-Generated Content on Online Advertising Effects[J]. 2015:341 - 360.

[133] Kuo Y F，Feng L H. Relationships among Community Interaction Characteristics，Perceived Benefits，Community Commitment，and Oppositional Brand Loyalty in Online Brand Communities [J]. International Journal of Information Management，2013，33(6):948 - 962.

[134] Küster I，Hernández A. Brand impact on Purchase Intention. An Approach in Social Networks Channel[J]. Economics and Business Letters，2012，1(2).

[135] Kwok L，Yu B. Spreading Social Media Messages on Facebook: An Analysis of Restaurant Business-to-Consumer Communications [J]. Cornell Hospitality Quarterly，2013，54(1)，84 - 94.

[136] Lakhani K R，Wolf R G. Why Hackers Do What They Do: Understanding Motivation and Effort in Free/Open Source Software Projects: Perspectives on Free and Open Source Software [J]. Organization Science，2006，17(1):45 - 63.

[137] Lettl C，Herstatt C. and Gemuenden H. G. Users' Contributions to Radical Innovation: Evidence from Four Cases in the Field of Medical Equipment Technology[J]. R&D Management，2006，36(3):251 - 272.

[138] Li T, Calantone R J. The Impact of Market Knowledge Competence on New Product Advantage: Conceptualization and Empirical Examination[J]. Journal of Marketing, 1998, 62(4):13 - 29.

[139] Lien C H, Cao Y. Examining WeChat Users' Motivations, Trust, Attitudes, and Positive Word-of-Mouth: Evidence from China[J]. Computers in Human Behavior, 2014, 41:104 - 111.

[140] Lilnabeth P. Somera. Using Social Networks to Build Business Connections: Engagement and Interactivity on Guam's Restaurants' Facebook Pages[J]. Entrepreneurial Executive, 2014, 19:183 - 192.

[141] Liu Y, L.J. Shrum. What is Interactivity and is It Always Such a Good Thing? Implications of Definition, Person, and Situation for the Influence of Interactivity on Advertising Effectiveness[J]. Journal of Advertising, 2002, 31(4):53 - 64.

[142] López-López I, Ruiz-de-Maya S and Warlop L. When Sharing Consumption Emotions With Strangers is More satisfying Than Sharing Them With Friends[J]. Journal of Service Research, 2014;9(1):28 - 43.

[143] Lumpkin G. T. and Dess G. G.. E-Business Strategies and Internet Business Models[J]. Organizational Dynamics, 2004, Vol. 33, No. 2, 161 - 173.

[144] Luo Q, Zhong D. Using Social Network Analysis to Explain Communication Characteristics of Travel-Related Electronic Word-of-Mouth on Social Networking Sites[J]. Tourism Management, 2015, 46:274 - 282.

[145] Lüthje, Christian. Characteristics of Innovating Users in a Consumer Goods Field: An Empirical Study of Sport- Related Product Consumer [J]. Technovation, 2004, 24 (9), S:683 - 695.

[146] Malthouse E C, Calder B J, Kim S J, et al. Evidence That User-Generated Content That Produces Engagement Increases Purchase Behaviours[J]. Journal of Marketing Management, 2016, 32(5 - 6): 427 - 444.

[147] Maltz E, Kohli A K. Market Intelligence Dissemination across

Functional Boundaries[J]. Journal of Marketing Research, 1996, 33 (1):47-61.

[148] Mark K. Elsner, O.P.H. and Atanu R. Sinha. How Social Networks Influence the Popularity of User-generated Content[J]. Marketing Science, 2010:10-206.

[149] McMillan S.J., J. Hwang. Measures of Perceived Interactivity: An Exploration of the Role of Direction of Communication, User Control, and Time in Shaping Perceptions of Interactivity[J]. Journal of Advertising, 2002, 31(3):29-42.

[150] Menon A, Varadarajan P R. A Model of Marketing Knowledge Use Within Firms[J]. Journal of Marketing, 1992, 56(4):53-71.

[151] Mir I A, Rehman K U. Factors Affecting Consumer Attitudes and Intentions Toward User-generated Product Content on YouTube[J]. Management & Marketing, 2013, 8(4):637.

[152] Mitchell D, Coles C. The Ultimate Competitive Advantage of Continuing Business Model Innovation [J]. Journal of Business Strategy, 2003, 24(5):15-21.

[153] Morris M, Schindehutte M and Allen J. The Entrepreneur's Business Model: Toward a Unified Perspective [J]. Journal of Business Research, 2005, 58(6):726-735.

[154] MW Johnson, CM Christensen. Harvard Business Review: Reinventing Your Business Model[J]. 2008, 35 (12):52-60.

[155] Myung Ja Kim, C. K. Lee and M. Bonn. Obtaining a Better Understanding about Travel-Related Purchase Intentions among Senior Users of Mobile Social Network Sites[J]. International Journal of Information Management, 2017, 37(5):484-496.

[156] Narver J C, Slater S F and Maclachlan D L. Responsive and Proactive Market Orientation and New - Product Success[J]. Journal of Product Innovation Management, 2010, 21(5):334-347.

[157] Okazaki S, Rubio N and Campo S. Gossip in Social Networking Sites [J]. International Journal of Market Research, 2014, 56(3):317-340.

[158] Osterwalder A., Pigneur Y.. Business Model Generation: A Handbook

for Visionaries, Game Changers, and Challengers[M]. John Wiley & Sons, Inc., Hoboken, New Jersey, 2010.

[159] Osterwalder A, Pigneur Y, Tucci C L . Clarifying Business Models: Origins, Present, and Future of the Concept[J]. Communications of the Association for Information Systems, 2010, 16(1).

[160] Owusu R A, Mutshinda C M, Antai I, et al. Which UGC Features Drive Web Purchase Intent? A Spike-and-Slab Bayesian Variable Selection Approach[J]. Internet Research, 2016, 26(1):22 – 37.

[161] Paek H J, Hove T, Jeong H J, et al. Peer or Expert? The Persuasive Impact of YouTube Video Producers and Their Moderating Mechanism [J]. International Journal of Advertising, 2011, 30(1):161 – 188.

[162] Park D H, Lee J and Han I. The Effect of On-Line Consumer Reviews on Consumer Purchasing Intention: The Moderating Role of Involvement[J]. International Journal of Electronic Commerce, 2007, 11(4):125 – 148.

[163] Peng S, Yang A, Cao L, et al. Social Influence Modeling Using Information Theory in Mobile Social Networks [J]. Information Sciences, 2017, 379.

[164] Phua J, Ahn S J. Explicating the 'like' on Facebook Brand Pages: The Effect of Intensity of Facebook Use, Number of Overall 'Likes', and Number of Friends' 'Likes' on Consumers' Brand Outcomes [J]. Journal of Marketing Communications, 2014:1 – 16.

[165] Pitta D A, Fowler D. Online Consumer Communities and Their Value to New Product Developers [J]. Journal of Product & Brand Management, 2005, 14(5):283 – 291.

[166] Prahalad C K, Ramaswamy V. Co-Creation Experiences: The Next Practice in Value Creation[J]. Journal of Interactive Marketing, 2004, 18(3):5 – 14.

[167] Ramani G. and V. Kumar.. Interaction Orientation and Firm Performance [J]. Journal of Marketing, 2008, 72(1):27 – 45.

[168] Rosenberg N. Inside the Black Box: Technology and Economics[M]. Cambridge University Press, New York, 1982.

[169] Sawhney M, Verona G and Prandelli E. Collaborating to Create: The Internet as A Platform for Customer Engagement in Product Innovation[J]. Journal of Interactive Marketing, 2005, 19(4):4 - 17.

[170] Shan Y, King K W. The Effects of Interpersonal Tie Strength and Subjective Norms on Consumers' Brand-Related eWOM Referral Intentions[J]. Journal of Interactive Advertising, 2015, 15(1):16 - 27.

[171] Shen G C C, Chiou J S, Hsiao C H, et al. Effective Marketing Communication Via Social Networking Site: The Moderating Role of the Social Tie[J]. Journal of Business Research, 2016, 69(6):2265 - 2270.

[172] Shuling Liao, Colin C.J.Cheng. Brand Equity and the Exacerbating Factors of Product Innovation Failure Evaluations: A Communication Effect Perspective[J]. Journal of Business Research, 2014, 67(1):2919 - 2925.

[173] Stavrianea A, Kavoura A. Social Media's and Online User-generated Content's Role in Services Advertising[C]. International Conference on Integrated Information (IC-ININFO 2014): Proceedings of the 4th International Conference on Integrated Information. AIP Publishing, 2015, 1644:318 - 324.

[174] Sung Y, Kim Y, Kwon O, et al. An Explorative Study of Korean Consumer Participation in Virtual Brand Communities in Social Network Sites[J]. Journal of Global Marketing, 2010, 23(5):430 - 445.

[175] Tang T, Fang E and Wang F. Is Neutral Really Neutral? The Effects of Neutral User-generated Content on Product Sales [J]. Journal of Marketing, 2014, 78(4):41 - 58.

[176] Timmers P. Business Models for Electronic Markets[J]. Electronic Markets, 1998, 8(2):3 - 8.

[177] Tong S T, Van Der Heide B, Langwell L, et al. Too much of a Good Thing? The Relationship Between Number of Friends and Interpersonal Impressions on Facebook[J]. Journal of Computer—Mediated Communication, 2008, 13(3):531 - 549.

[178] Tsai W H S，Men L R. Consumer Engagement with Brands on Social Network Sites：A Cross-cultural Comparison of China and the USA[J]. Journal of Marketing Communications，2014：1 - 20.

[179] Vasant Dhar，E. A. C. Does Chatter Matter? The Impact of User-Generated Content on Music Sales [J]. Journal of Interactive Marketing，2009，23(4)：300 - 307.

[180] Vom Lehn D. Embodying Experience：A Video-Based Examination of Visitors' Conduct and Interaction in Museums[J]. European Journal of Marketing，2006，40 (11/12)：1340 - 1359.

[181] Von Hippel E. The Dominant Role of Users in the Scientific Instrument Innovation Process[J]. Research Policy，1976，5(3)：212 - 239.

[182] Von Hippel E. The Sources of Innovation [M]. Oxford University Press，New York，1988.

[183] Von Hippel E. "Sticky Information" and the Locus of Problem Solving：Implication for Innovation[J]. Management Science，1994，40(4)：429 - 439.

[184] Von Hippel E. Economics of Product Development by Users：The Impact of "Sticky" Local Information[J]. Management Science，1998，44(5)：629 - 644.

[185] Von Hippel E. Democratizing Innovation：The Evolving Phenomenon of User Innovation[J]. Journal Für Betriebswirtschaft，2005，55(1)：63 –78，247 - 257，821 - 833.

[186] Ward J C，Hill R P. Designing Effective Promotional Games：Opportunities and Problems[J]. Journal of Advertising，1991：69 - 81.

[187] Watson D.C. Gender Differences in Gossip and Friendship. Sex Roles，Online First，DOI[J]. 10.1007/slll99-012-0160-4，2012.

[188] Wunsch-Vincent S，Vickery G. Participative Web and User-Created Content：Web 2.0，Wikis and Social Networking[M]. OECD，2007.

[189] Xie K，Lee Y J. Social Media and Brand Purchase：Quantifying the Effects of Exposures to Earned and Owned Social Media Activities in a Two-Stage Decision Making Model [J]. Journal of Management Information Systems，2015，32(2)：204 - 238.

[190] Yang C.M. Customer-to-Customer Encounter in Service Consumption: Interpersonal-Attraction Perspective[D]. Ph. D. Dissertation. National Sun Yat-sen University, Kaohsiung, Taiwan, 2007.

[191] Yadav M S, Varadarajan R. Interactivity in the Electronic Marketplace: An Exposition of the Concept and Implications for Research[J]. Journal of the Academy of Marketing Science, 2005, 33 (4):585 − 603.

[192] Ye Q, Law R, Gu B, et al. The Influence of User-generated Content on Traveler Behavior: An Empirical Investigation on the Effects of E-Word-of-Mouth to Hotel Online Bookings[J]. Computers in Human Behavior, 2011, 27(2):634 − 639.

[193] Zhao M, Xie J. Effects of Social and Temporal Distance on Consumers' Responses to Peer Recommendations [J]. Journal of Marketing Research, 2011, 48(3):486 − 496.

[194] Zhifei Mao, Yuming Jiang, Geyong Min, Supeng Leng, Xiaolong Jin and Kun Yang. Mobile Social Networks: Design Requirements, Architecture, and State-of-the-Art Technology [J]. Journal of Computer Communications, 2016(100):1 − 19.

[195] Zhou T, Li H and Liu Y. The effect of Flow Experience on Mobile SNS Users' Loyalty[J]. Industrial Management & Data Systems, 2010, 110(6):930 − 946.

[196] Zott C, Amit R. Business Model Design and the Performance of Entrepreneurial Firms[J]. Organization Science, 2007, 18(2):181 − 199.

[197] Zott C, Amit R, Massa L. The Business Model: Recent Developments and Future Research[J]. Social Science Electronic Publishing, 2011, 37 (4):1019 − 1042.

索 引